政治思想の源流

——ヘレニズムとヘブライズム

古賀敬太著

風行社

政治思想の源流——ヘレニズムとヘブライズム——

目　次

目次

はじめに

本書では、古代と中世の政治思想史をユダヤ・キリスト教の伝統、つまりヘブライズムと、ギリシャやローマの古典古代の伝統、つまりヘレニズムとの接触、対立、総合、そして分離という視点から考察することとする。ヘブライズムとヘレニズムは、神観、人間観、歴史観のみならず、政治観や権力観においても、著しい相違を示している。この二つの伝統が、西洋思想史の底流をなしてきたのである。したがって、政治思想の源流を突き止めようとするならば、われわれは、二つの伝統を正しく評価しなければならない。

第一の神観に関しては、ヘブライズムは、《唯一神》を主張するのに対し、ギリシャ・ローマの社会は《多神教的》社会である。プラトンやアリストテレスの哲学においては、プラトンの《善のイデア》やアリストテレスの《動かされないで動かす者》のように、究極的な実在としての《神》が語られることはあっても、それはパスカルが『パンセ』で言う《哲学者の神》であり、《人格神》ではない。またプラトンの『ティマイオス』において《造り主》(デミウルゴス)の概念が展開されているが、それは聖書の《無からの創造》とは異なり、すでにある素材を用いた《制作》に近い。

第二の人間観であるが、ヘレニズムの伝統は基本的に人間の理性を評価し、《主知主義的人間観》に立つ。それに対して、ヘブライズムの伝統においては、《原罪》を背負い、知・情・意において堕落している人間は、絶対的で聖なる神の前に否定されるが、その《否定》を通して神の《恩寵》によって神の前に《肯定》されるのである。またヘブライズムにおいては《神の主権》が徹底しており、神中心主義の人間観・世界観が存在する。

第三の歴史観は、ヘレニズムが《円環的》な時間概念に立脚し、《歴史》よりも《宇宙》（コスモス κόσμος）を哲学的思考の中心に置くのに対して、ヘブライズムは、世界には《始め》と《終わり》があり、歴史はある一定の目的（テロス τέλος）に向かって進行していると主張する。旧・新約聖書における《終末論》は、その典型である。《終末論》とは、歴史の《終わり》であると同時にまた《完成》であり、《破局》の論理であると同時に《希望》の原理でもある。プラトンにおいて展開される《輪廻転生》や《政体循環論》は、ヘブライズムにおいては、入りこむ余地がない。

第四の政治、権力観であるが、ヘブライズムにおいては、《超越的権威》の前にこの世の《世俗的権威》が相対化されるという認識があるが、ヘレニズム特にローマにおいてはしばしば政治的権力が神聖化され、《被造物神化》が生じる。つまり皇帝が神聖化され、皇帝礼拝が生じる。またヘレニズムの国家観は基本的に《有機体的》な国家観であるが、ヘブライズムのそれは、《契約共同体》としての特徴を有している。ヘブライズムにおいては、《契約》の重要性は強調してもしすぎることはない。

このように西洋思想の源流に二つの伝統があるにもかかわらず、わが国では、西洋政治思想史を書く時は、必ずといっていいほど古代ギリシャの政治思想から始めるのが常である。ほとんどのテキストが、特にポリス概念を中心に据えて、ソクラテス、プラトン、アリストテレスから始めている。例を挙げれば南原繁『政治理論史』、福田歓一『政治学史』、藤原保信『西洋政治理論史』がそうである。しかしこうした傾向は、わが国だけではない。わが国の政治思想学会ではいわば共有財産になっているセイバインの『西洋政治思想史』（一九三七年）は、古代ギリシャから始めているし、シェルドン・ウォーリンの『政治とヴィジョン——西洋政治思想における連続性と革新』（一九六〇年）は、プラトンから始めており、レオ・シュトラウスとジョーゼフ・クロプシィ編の『政治哲学史』（一九六三年）は、トゥキディデスから始めており、旧約聖書の伝統にまで遡ることは稀である。それは、宗教の世界という固定観念があるからであろう。また旧約聖書は神話であって、学問の領域でまじめにとりあげる必要はないという思い込みがあるかもしれない。しかし、旧約聖書の伝統を理解せずして、西洋の政治思想史を流れている底流を理解することはできない。古典古代のみにウェイトを置き過ぎる西洋政治思想史の記述はあまりにも一面的であろう。それは、二つの伝統の接触によって生み出される西洋政治思想史のダイナミズムを理解できないのである。

本書はこうした不足を補うためにもヘブライズムの始まりである旧約聖書の伝統から始めることにする。旧約聖書は政治思想の豊かな宝庫である。M・ウェーバー（一八六四—一九二〇）は、一貫してユダヤ‐キリスト教の伝統の歴史形成力に光を当てた思想家である。彼の名著『古代ユダヤ教』は、第一章でユダヤ社会の《契約》（ベリート）概念の重要性を強調し、第二章で捕囚以前の預言者の思想を通して、その終末論的メッセージが《魔術からの解放》（Entzauberung）に果たした役割を明らかにした。《預言者》を通して語られる神のことばと神の権威の前に、政治権力や国家が相対化され、その神秘的なベールが剝がされ、堕落と腐敗と驕りが徹底した批判に晒された。そこに見られるのは、絶対的な神の権威の前に展開する《真のリアリズム》である。またM・ウォルツァーは、後に述べるように『出エジプトと解放の政治学』において、旧約聖書の《出エジプト》の事件に《解放》の原型を見出した。更に宮田光雄氏は、『平和思想史研究』において、古代ユダヤ教の平和思想における《平和》（シャローム）概念に注目し、それが単に「戦争がない状態」を示すのではなく、他者との交わりや正義の実現をも含んだ内容であると指摘している。それは、抑圧や貧困という《構造的暴力》（ガルトゥング）の除去と関連している概念であるといっても過言ではない。

政治的共同体の形成という視点からヘブライズムを見る時、政治秩序は《脱出共同体》であり、《契約共同体》である。第一部では、ヘブライズムの《解放》、《契約》、《預言者》そして《終末論》の伝統に着目し、それが政治的共同体形成にどのような意味を持っているかを考察することにする。

第二部では、政治思想のもう一つの源流である古典古代の政治思想の特質を、プラトン、アリストテレス、エピクロス派とストア派、そしてキケロと辿ることによって、明らかにする。わが国や西欧諸国の優れた政治思想史のテキストが、政治思想史の記述を例外なく古典古代から始めることはそれなりに意味がある。なぜならば、《政治》という言葉がギリシャ語のポリスから来ているように、古典古代において成立した《政治》概念は、その後長く政治思想の歴史に決定的な影響を及ぼしてきたからである。古く自由概念、政治概念、正義概念、友愛概念、民主主義概念など、枚挙にいとまがないほどである。古くはJ・J・ルソー（一七一二―一七七八）、新しくはH・アレント（一九〇六―一九七五）の民主主義論に至るまで、古典古代のポリスの政治的実践は、専制や暴力的支配に抵抗する原点を提供してきた。近・現代の多くの政治思想家は、それぞれの立場からであるが古典古代、特にアテナイの民主主義やローマの共和制などからインスピレーションを得て、現代の諸問題と取組んできたのである。ギリシャ語やラテン語で《政治共同体》を意味する、polis, civitas, res publica という言葉は、政治共同体のあるべき姿を指し示している。またストア派やキケロの自然法概念やコスモポリタニズムは、グローバリゼーションの進む現代において、《国民国家》を越える理論的視座を提供していると言っても過言ではない。過去のすぐれた政治思想と真剣に《対話》し、《格闘》することなくして、現代の諸問題を克服する青写真を描くことはできない。

第三部では、キリスト教が発生して以来の古代・中世の政治思想の中で、特にアウグスティヌス、トマス・アクィナス、パドヴァのマルシリウスの政治思想を取り扱う。キリスト教そのものは、ヘブライズムの伝統を継承するものであるが、キリスト教思想家は、二世紀の護教家ユスティノス（一〇〇―

一六五）以来、キリスト教の信仰とギリシャ哲学を総合しようと悪戦苦闘してきた。キリスト教のヘレニズム化を拒否し、「アテネとエルサレム、アカデミアと教会の間に、なんの共通点があるのか。ストア的キリスト教、プラトン的キリスト教、論理的キリスト教への試みはすべて消え失せろ」と言ったテルトリアヌス（一五〇／六〇―二二〇）は例外的存在であった。初代教会においてはいまだキリスト教がユダヤ教との繋がりを保持していたが、その後ギリシャ哲学との接触によって、キリスト教が《ヘレニズム化》していくことになる。アウグスティヌスは、キリスト教と新プラトン主義を、トマス・アクィナスはキリスト教とアリストテレス主義をそれぞれ総合しようと試みた。アウグスティヌスの場合には、キリスト教の《原罪》思想や《終末論》はいまだ色濃く存在していたが、トマスの場合には、《終末論》は跡形もなく消え、《永遠の秩序》が説かれることになる。その総合の試みは、「恩寵は自然を破壊せず、完成する」として、自然的秩序と超自然的秩序を階層的に統一するものであった。理性と信仰、自然と恩寵は、対立するものではなく、調和的に融合されたのである。しかしこの融合は、中世後期において、パドヴァのマルシリウスやオッカムのウィリアムなどによって、再び引き離され、近代においては、一方においてルターやカルヴァンの宗教改革が、他方において、古典古代の思想の《ルネッサンス》が立ち現れることになる。ルターは、トマスを指して、「ギリシャ哲学などという異教的要素を持ちこんで、キリスト教を堕落させた大罪人」と述べている。

本書は、第一部の旧約聖書の政治思想、第二部の古典古代の政治思想、そしてヘブライズムとヘレニズムを総合しようと試みた第三部のキリスト教の政治思想という三部構成であり、全部で一三の講義によって構成されている。

第一部

旧約聖書の政治思想

第一講　出エジプトの伝統——解放の思想

一　旧約聖書の構成

聖書は、旧約聖書三九巻と新約聖書二七巻によって構成されている。もっともこうした区別は、神と人間との《古い契約》が更新されて《新しい契約》が結ばれたというキリスト教の見解であり、新約聖書を否定するユダヤ教にとって、神の啓示の書として存在するのは、旧約聖書（ヘブライ語聖書）だけである。

旧約聖書は、モーセ五書、歴史書、詩と知恵文学そして預言書に区分できる。

モーセ五書は、創世記、出エジプト記、レビ記、民数記そして申命記を含み、ユダヤ教では、トーラー（律法の書）と呼ばれている。これらの文書では、神の天地創造から、人間の堕落、ユダヤ民族の出エジプトと律法の授与、《約束の地》に入る前までのことが記されている。

歴史書は、ヨシュア記、士師記、ルツ記、Ⅰ・Ⅱサムエル記、Ⅰ・Ⅱ列王記、Ⅰ・Ⅱ歴代誌、エズラ記、ネヘミヤ記、エステル記を含んでいる。時代的には、ユダヤ民族が《約束の地》に入り、部族連合の結成、そして統一王国（前九九七年頃）を築いて後、北イスラエルと南ユダに王国が分裂し、バビロン捕囚を経て、ペルシャのクロス王の命令によってユダヤ人が帰還し、神殿と城壁が再建されるまで（前五一五年）を対象としている。

詩と知恵文学は、《神義論》で有名なヨブ記、詩篇、箴言、伝道者の書、雅歌である。

預言の書は、《大預言書》と言われるイザヤ書、エレミヤ書、エゼキエル書、ダニエル書、《小預言書》と言われるホセア書、ヨエル書、アモス書、オバデヤ書、ヨナ書、ミカ書、ナホム書、ハバクク書、ゼパニヤ書、ハガイ書、ゼカリヤ書、マラキ書である。

ちなみにここで列挙した一般の聖書の文書配列は、ヒエロニムス（三四〇／五〇―四一九／二〇）がラテン語に翻訳した「ウルガータ聖書」（四〇〇年頃完成）に従ったものであり、ヘブライ語聖書の配列とは異なっている。旧約聖書は、前三世紀中葉にアレクサンドリアにおいてギリシャ語に翻訳され、《七十人訳聖書》（Seputuaginnta）が完成した。ちなみに旧約聖書がユダヤ教聖典として承認されたのは、紀元一世紀末、エルサレムの陥落の後のヤヴネの会議においてであった。

ユダヤ人にとってはもちろん、欧米人にとっても聖書は子供の頃から教えられ、日常生活の中に密着しているので、彼らの思考や行動を根底において規定している。

歴代のアメリカ大統領は、聖書の言葉を引用し、アメリカ国民に直接訴えかけてきた。それは、聖書の言葉がアメリカ国民の心の琴線に触れるからに他ならない。例えば、カーター大統領は、大統領就任演説において、預言の書であるミカ書を引用し、「主はあなたに告げられた。人よ。何が良いことなのか。何をあなたに求めておられるのか。それは、ただ広義を行い、誠実を愛し、へり下って、あなたの神とともに歩むことではないか。」（ミカ書六章八節）と語りかけた。こうした語りかけは、国民の間に聖書の精神が浸透している所においては、聞く者の魂を揺さぶる効果を発揮できる。旧西独大統領ヴァイツゼッカーは、ドイツ連邦議会における「荒野の四〇年」（一九八五年）と題する名演説において、戦後西独の四〇年間のあゆみを、イスラエル人の《出エジプト》から《約束の地》までの四〇年の歩みにたとえ、「旧約聖書は信仰の如何にかかわりなく、すべての人に対して洞察力を与えるものである」と述べている。

西洋の思想史をその深みから理解しようとするならば、旧約聖書の理解は、不可欠である。第一講では、特に出エジプト記を中心として、出エジプトの伝統を《解放》の視点から取り扱うことにする。その前に、旧約聖書の《神》概念に触れておくことにする。この《神》概念こそ、ヘブライズムの骨格をなすものである。人間とは何か？　自然とは何か？　歴史とは何か？　ヘブライズムにおいては、これらの諸問題に対する回答は、ただ《神》との関係を通してのみ、回答可能なのである。

二　旧約聖書の《神》概念

創造者なる神

創世記一章一節に、「初めに神は天と地を創造された」とあるように、聖書の神は《創造者》なる神である。神は永遠なる存在であるが、被造物は有限なる存在である。神は、《無》からの創造者であり、《創造》というヘブル語の言葉は《バラー》であり、これは神にだけしか使われない言葉である。人間が自分たちの必要のために神を作り出したのではなく、神が人間を《創造》したのである。そして《創造》した後、神は人間や自然界を放置したのではなく、全能の手の中に保っている。「私たちは、神の中に生き、動き、存在しているのです。」（使徒一七章二八節）モーセが、神に対して「あなたの名は何ですか」と聞いた時に、「わたしは在って在る者である」（出エジプト記三章一四節）と神は答えた。ヘブル語の《在る》（ハヤー）は、「在って働く」、「在りつつ在らしめる」ことを意味する動的な概念である。神は動かない静止した存在ではなく、生きて働き、人間や万物を存在せしめ、積極的に人間界に介入するるのである。

唯一なる神

ギリシャやローマ世界は、《多神教》の世界であり、最高神という考えはあっても、《唯一神》という考えはみあたらない。旧約聖書では人間を《創造》された《唯一神》を礼拝することが求められ、神以外のものを神として礼拝することは《偶像崇拝》として厳しく禁止される。それは、《十戒》のうち、第一戒を破ることである。

「あなたには、わたしのほかに、ほかの神々があってはならない。あなたは、自分のために、偶像を造ってはならない。――それらを拝んではならない。それらに仕えてはならない。」（出エジプト記二〇章三―五節）

人格神

聖書の神は、第一原因や究極目的といった《哲学者の神》ではなく、知・情・意を持った《人格神》であり、人間と交わることのできる存在である。人間の創造の目的も、神との親しい交わりを持つことにあった。聖書は、神の《聖さ》や《正しさ》を示すと同時に、神が《愛》である人格的存在であることを示している。「わたしの目には、あなたは高価で尊い。私は、あなたを愛している。」（イザヤ四三章四節）とある通りである。

契約の神

神は、モーセに現われて、「私はあなたの父の神、アブラハムの神、イサクの神、ヤコブの神である。」（出エジプト記三章六節）と語った。《アブラハムの神、イサクの神、ヤコブの神》は、ユダヤ民族に対する《約束》を実現する《契約の神》、つまりヤハウェ（Yahweh）である。神は、アブラハム、イサク、ヤコブ、そしてユダヤ民族を選び、堕落以降の人類の救いの摂理を進める神であり、歴史の中で働く神である。人類の歴史は、ユダヤ民族を中心とした《救済史》である。神とユダヤ民族の《契約》は、ユダヤ民族に《律法》が与えられることによって具体的に示された。律法を遵守する者は祝福を受け、律法に違反する者は裁きを受ける。しかし、旧約聖書の神はユダヤ人の《民族宗教》の神としてのみ、記述されているわけではない。聖書は、創世記一二章でユダヤ人の先祖アブラハムに触れる前は、《人類史》を扱っている。ユダヤ人に対しては《ヤハウェ》であるが、異邦人に対しても《神》なのであり、異邦の国々の興亡を支配しているのも同じ神なのである。イザヤ書、エレミヤ書、エゼキエル書においては、ユダヤ人に対する《預言》のみならず、異邦の国々や民に対する《預言》や裁きが繰り返し語られている。神は、ユダヤ人をえこひいきする神ではない。ユダヤ人は自分たちは《選民》であるので、神から裁かれることはないと傲慢に陥る時がしばしばであったが、彼らは《ヤハウェ》に背を向ける時に、容赦なく裁かれるのである。それゆえ《預言者》は、イスラエルの民に神の《契約》や《律法》を想起させ、《悔い改め》を迫った。それは、彼らが、真に《悔い改め》、神に従い、神の約束を実現する《選びの民》として全人類に祝福をもたらすためであった。しかし彼らが悔い改めなかった時に、前七二二年、北イスラエルはアッシリアによって滅ぼされ、前五八六年に南ユダもバビロン帝国によって滅ぼされた。

三　出エジプトの伝統と《解放》

《脱出》の意味

「出エジプト記」に先行する「創世記」においては、神の天地創造、人間の堕落、罪に対する裁きとしてのノアの洪水などの記述の後、第一二章から、アブラハム、イサク、ヤコブというイスラエル民族の族長たちの歩みがしるされている。アブラハムは、当時のカルデヤのウル（現在のイラク南部）を出て、ハラン（現在のイラク北部）を経由して、カナンの地（現在のパレスチナ）に到着した。それは、神がアブラハムに、「あなたは、あなたの生まれ故郷、あなたの父の家を出て、私が示す地に行きなさい」（創世記一二章一節）と語ったからである。ここに、後に出エジプトに見られる《脱出共同体》の精神が示されている。ヘブライズムの伝統は、ある一定の所に安住しないで、絶えず示された所に出発をしていく《脱出》（Exodus）の伝統である。

「創世記」の記述によると、族長ヤコブは、住んでいたカナンの地が飢饉になったので、すでにエジプトの宰相になっていたヨセフを頼って、エジプトに移住した（前一七―一六世紀）。イスラエル人たちは、当初はエジプトのゴシェンの地をあてがわれて格別の待遇を受けていたが、ヨセフが死に、王が変わると、イスラエル人は奴隷状態に落とされ、強制労働に苦しむことになる。実にそこから《出エジプト》の記事は始まっている。出エジプトの年代は、前一二八〇年頃、ラメセス二世（治世前一二九九—一二三二）の時であると推測される。ラメセス二世は、ルクソール神殿を建設した王であり、ルクソール神殿には彼の大きな像がある。

マイケル・ウォルツァーは、『出エジプトと解放の政治学』において、旧約聖書に示されている出エジプトの物語の現代的意義に触れ、この物語が、サヴォナローナ、ジョン・カルヴァン、ノックス、ピューリタンのアメリカ建国、アメリカの公民権運動、南アフリカの反アパルトヘイト運動、そして南アメリカの解放の神学、シオニズム運動に及ぼした影響を指摘している。ウォルツァーは、出エジプトのテーマを、抑圧→解放→社会契約→政治闘争→新しい社会に求めて、このパターンが後世に及ぼした影響について次のように述べている。

「中世後期、あるいは近世初期以降、西洋には政治的変化に関する特徴的な考え方が存在してきた。これは、われわれが通常、出来事の上に押しつける時に用いる一つの型であり、われわれが互いに繰り返す物語は、およそ抑圧、解放、社会契約、政治的闘争、新しい社会という形態をとる。——これは西洋に属しているものだが、とりわけ西洋のユダヤ教とキリスト教に属している。その原本

は、イスラエルの出エジプトである。」（『出エジプトと解放の政治学』、一七三頁）

ウォルツァーは、こう述べて、出エジプトと他の航海や旅行の相違点を、次の三点に求めている。

第一点は、出エジプトの脱出は、脱出した所に戻ってくるのではなくて、まったく《新しい地》に向けて出発することである。「ホメロスが描くような、オデュッセウスの長い放浪の旅の終わりには、妻と子供が彼を待ち受けている。イスラエル人にとって、《約束の地》は新しい家であり、彼らを待ち受ける人はいない。」自分の家や自国を出て、また自宅や自国に帰ってくるのであれば《円環》であるが、出エジプトはまさしく帰ることを知らない《直線》の歩みである。

第二点は、荒野をあてどもなく放浪するのではなく、《約束の地》という目的を持った前進であるという点である。またそれは単に物理的・地理的な前進のみならず、《契約》の導入に見られるような《道徳的・倫理的な変革》を含んでいる。

第三点は、この《脱出》（Exodus）は個人を単位とするものではなく、民族を単位とするものである。なお、Exodusは、ex（外へ）とodus（道）から成り立っており、道を出て行くという意味である。

出エジプトにみられる抑圧↓解放↓社会契約↓闘争↓新しい社会というパターンは、それ以降の西洋の解放運動に決定的な影響を及ぼしてきた。以下、出エジプトの歴史を、抑圧、解放、社会契約、闘争、新しい社会に分けて、「出エジプト記」から考えてみることにしよう。

抑圧（強制労働）

創世記の四六、四七章においては、イスラエルの父祖であるヤコブの一族が、ヤコブの子供で、当時エジプトで王に次ぐ有力者となっていたヨセフをたよって、エジプトに移住してきたことが記されている。このヤコブの子孫がエジプトで増え広がり、しだいにエジプトの支配者を脅かすに至った。ヨセフのことを知らない新しい王がエジプトを支配するようになって、イスラエルの民は当初の厚遇を受けることができなくなったばかりか、苦役を強いられるようになる。聖書には、「エジプトはイスラエル人に苛酷な労働を課し、粘土や煉瓦のはげしい労働で、すべて、彼らに関する苛酷な労働で、彼らの生活を苦しめた。」（出エジプト記一章一三―一四節）と記されている。したがって、まさに《エジプト》は、イスラエル人にとって《奴隷》とされ、強制労働を課せられた《抑圧》の地であった。神は、こうしたイスラエル人の苦しみや嘆きに答え、イスラエル人をエジプトから《解放》することを決意する。イスラエル人は、エジプトの地で約四〇〇年間奴隷となり、苦役を余儀なくされていたが、《出エジプト》の時を迎えるのである。

解放

神は、出エジプトの指導者として、モーセを選んだ。モーセは、イスラエル人であったにもかかわらず、エジプトの王の娘の養子として宮殿で育てられた。しかし自らの出自に目覚め、同胞のイスラエル人を酷使していたエジプト人を殺害したため、追及を避けてミデアンの地へ逃れ、そこで四〇年間を羊飼いとして過ごした。モーセが指導者として選ばれたのは彼が八〇歳の時である。神はミデヤンの地のホレブの山でモーセに次のように語った。

「主は仰せられた。『わたしは、エジプトにいるわたしの民の悩みを確かに見、追い使う者の前の彼らの叫びを聞いた。わたしは、彼らの痛みを知っている。わたしが下ってきたのは、彼らを《エジプト》の手から救い出し、その地から、広い良い地、《乳と蜜の流れる地》、カナン人、ヘテ人、エモリ人、ペリジ人、ヒビ人、エブス人のいる所に、彼らをのぼらせるためだ。』」（出エジプト記三章七—九節）

ここでは、苦役や奴隷の象徴である《エジプト》と、神の祝福の地である《乳と蜜の流れる地》であるカナンの地、つまり現在のパレスチナの地が対比して語られている。《エジプト》から《約束の地》への《脱出》が始まるのである。この《脱出》は、様々な条件が整って初めて可能となるが、やはり冒険であり、死を覚悟した旅立ちである。それは、一人だけの冒険ではなく、イスラエルの民全体の《脱出》であった。しかし、イスラエルの民の《脱出》を阻止しようとするエジプトの王の妨害工作が行われた。エジプトの王はエジプトに下された度重なる災禍の後にやっとエジプト《脱出》を許可するが、それでも王の軍隊は脱出後のイスラエル人を追跡した。王が最終的に追跡することを放棄したのは、王の軍隊が、葦の海での神の奇跡により、壊滅的な打撃を受けて後のことである。

モーセは敵のエジプトと戦うだけではなく、イスラエルの民や長老に対しても出エジプトと《約束の地》への旅立ちが神の導きであることを繰り返し語らなければならなかった。イスラエルの民が、出エジプトに関する神の導きを最終的に確信した出来事は、《過ぎ越し》(passover) の事件であった。イスラエルの人々は、かもいと門柱に、動物のいけにえをほふった血を注いだが、神はその血を見て、イスラエルの家に対する裁きを《過ぎ越した》のである。他方、エジプトには神の裁きが下り、その初子が打たれた。この《過ぎ越し》の事件は、神の救出の象徴的出来事として、永遠にこれを記念するように命ぜられ、現在においてもユダヤ人によって守られている儀式である。

四〇年間の荒野での生活——契約

イスラエル人はエジプトで定住していたゴシェンの地を出発し、紅海を渡って、シナイ山にきた時に、モーセを通して、神と人との《契約》のしるしである《十戒》、そしてその他多くの掟が与えられた。出エジプト記一九章においては、次のように述べられている。

「あなたがたは、わたしがエジプトにしたこと、また、あなたがたをわしの翼に乗せ、わたしのもとに連れて来たことを見た。今、もしあなたがたが、まことに私の声に聞き従い、私の《契約》を守るなら、あなたがたはすべての国々の民の中にあって、私の宝となる。全世界は私のものであるから。あなたがたは私にとって祭司の王国、聖なる国民となる。」（出エジプト記一九章四―六節）

イスラエルの民は、《契約共同体》に参加することによって、倫理的に責任を負う主体であることを自覚し、《契約》を守ることの中に神の祝福を見いだした。《契約》が破られる時に、もはや《契約共同体》の存続は不可能となる。マイケル・ウォルツァーは、《契約》がイスラエルの人々に対して持っている意味を、次のように述べている。

「イスラエル人は、王の奴隷であった。しかし彼らは、荒野において神のしもべとなったのである。……これは、ルソーによれば、モーセの偉大な仕事であった。彼は、力も勇気もない《みじめな逃亡者》の群れを《自由の民》に変えたからである。彼は単に彼らの鎖を断ち切ったばかりではなく、彼らを《政治共同体》へと組織し、彼らに法を与えたからである。彼は現在のいわゆる《積極的自由》を彼らに与えたのであり、これは決して規則から自由な生き方ではなく、むしろ彼がその規則に同意し、かつ同意しえた生き方であった。……イスラエル人奴隷が自由の原理、すなわち共通の基準にしたがって生活し、自分の行動に責任をもつという義務を受容したかぎりにおいてのみ、自

由となりえたのであった。彼らは共通の基準、すなわちシナイの契約を受容した。」（『出エジプトと解放の政治学』七六頁）

またウォルツァーは、「隷属が強制によって始められるのに対して、神への奉仕は《契約》によって始められる」とし、「《契約》は自由となった人々の神聖な関係」であると指摘している。ウォルツァーは、「彼らは《契約》によって初めて真の意味で民となることができたのであり、道徳的・政治的歴史を維持しうる民となる」と述べて、そこに《契約》の求心性を見ている。旧約聖書における政治共同体は、《脱出共同体》であると同時に、《契約共同体》でもあった。

戦い

《約束の地》に到達するためには、戦いが必要である。戦いには、《外的戦い》と《内的戦い》がある。モーセに率いられたユダヤ人たちは、《約束の地》に入るために、異民族であるアマレク人やカナン人との戦いを遂行した。しかしより重要であったのは、自らの卑屈な奴隷感情から解放されて、神に応答していく自由な人格を形成することであった。しかし、エジプトを懐かしみ、モーセに反逆し、《脱出共同体》から離脱しようとする人々がいた。出エジプト記第三二章においては、こうした人々が、モーセに反逆して金の小牛を拝んだ事件が記されている。また民数記第一三章においては、カナンの地に偵察にいった人々がヨシュアとカレブを除いて、カナンの地の住人がいかに強力であるかを報告した際に、全会衆が叫び、エジプトに帰ることを選ぼうとしたことが記されている。それは《反革命》であり、《逆戻り》である。

「全会衆は、大声を挙げて叫び、民はその夜、泣き明かした。イスラエル人はみな、モーセとアロンにつぶやき、全会衆は彼らに言った。『私たちはエジプトの地で死んでいたらよかったのに。できれば、この荒野で死んだほうがましだ。なぜ主は、わたしたちをこの地に導いてきて、剣で倒そうとされるのか。私たちの妻子は、さらわれてしまうのに。エジプトに帰ったほうがよくはないか。』そして互いに言った。『さあ私たちは、ひとりのかしらを立てて、エジプトに帰ろう。』」（民数記一四章一―四節、傍点筆者）

これは、自由を与えられた人々が自由を放棄して、再び自らを《隷従の鎖》につなぐようなものである。こうした後退や退却は、荒野の生活の中で絶えず見られた現象であった。こうした揺れ戻しにもかかわらず、モーセとヨシュアは、イスラエルの民を最終的に《乳と蜜の流れる地》、カナンの地に導いたのである。

約束の地

モーセは、ヨルダン川東岸のピスガの頂から《約束の地》を見おろしたが、カナンの地に入ることができなかった。しかし、後継者ヨシュアが、イスラエル民族を、ヨルダン川を越えて、《約束の地》に導いたのである。それは、神がアブラハム、イサク、ヤコブに与えられた《約束の成就》であった。しかし、《約束の地》に空間的に入ることが、神の最終的な目的ではない。実際、「ヨシュア記」、「士師記」、「Ⅰ・Ⅱ列王記」を読むと、彼らが《約束の地》に入ってからいかに堕落し、偶像崇拝に陥り、罪を増し加えていったかが赤裸々に示されている。そして後に彼らは、アッシリアとバビロンの捕囚によって《約束の地》を追われたのである。《約束の地》に入るとは、神に全面的に従い、神の《契約》を守るという内面的行為をも含むものであり、その意味において人間の側からすれば、永遠に追求すべき理想であろう。

四　出エジプトの伝統の後世への影響

出エジプトの《解放》の物語は、後世の思想や運動に多大なインスピレーションを与えた。後の《解放》の運動は、ある場合には、《脱出》の道をとり、またある場合には、《抵抗》の道を選択した。出エジプトの《解放の政治学》に最も影響された出来事として、黒人解放運動をあげておく。

黒人解放運動

マイケル・ウォルツァーは、出エジプトの物語と、キング牧師に指導された公民権運動との類似性を力説した。ウォルツァーの言う抑圧→解放→契約→闘争→約束の国の図式は、黒人解放運動の指導者マーチン・ルーサー・キング（一九二九―一九六八）の歩みにもそのまま適用可能である。

南北戦争（一八六一―一八六五）後、奴隷制度が廃止されたにもかかわらず、一九五〇年代のアメリカ南部では人種隔離制度が続いていた。黒人は投票の権利を奪われ、学校、バスや鉄道の座席、レストラン、劇場など、白人と黒人の場所が区別されていた。こうした慣行は州の法律や都市の条令によって正当化されていた。バスの中で黒人が白人に席を譲らなければならないという法律さえ存在した。こうした慣行や法律を許していたのが、白人の黒人に対する人種差別や偏見であった。こうした差別と抑圧から《解放》されて、黒人と白人が平等の立場で共存できるようになることが、キング牧師にとって《約束の地》であった。この《約束の地》に入るためには、《契約》と《契約》に基づく戦いが不可欠であったが、キング牧師にとって《契約》は「汝の隣人を愛せよ」というイエスの教えに基づく《非暴力》の倫理であった。それは、抑圧し差別する者に対する抵抗の倫理であるとともに、自己の内にある憎悪や敵意を愛に変えるための《内的な戦い》であった。《契約共同体》は、その構成員を規律し、コントロールする倫理的共同体でもある。人種差別に対する《外なる戦い》と自らの奴隷根性や復讐心に対する《内なる戦い》に失敗する時に、《約束の地》は遠のき、《エジプト》（差別と抑圧の状態）に逆戻りする危険性が高くなる。差別する白人に対して憎しみや暴力をもって対抗するならば、暴力の負の連鎖が生じることとなる。しかし今までの差別の状態に甘んじるならば、黒人解放運動は進展しえない。この悪循環を断ち切り、差別のない社会を形成するためには、非暴力と愛によって差別や偏見と戦うことが必要である。一九六三年八月、キング牧師は群衆がうめつくしているリンカーン記念堂前の広場において、「私には夢がある」という演説を行った。それは、黒人と白人が相互に尊重しあいながら共に生活する《約束の地》へのヴィジョンであった。

「いまからちょうど一〇〇年前、わたしたちが、いま、その像の前に立っている、一人の偉大なアメリカ人、リンカーン大統領が、奴隷解放宣言に署名した。この重要な宣言は、燃え盛る不正義の炎に焼き焦がされてきた何百万人もの黒人奴隷たちにとって、希望を示す大きな光となった。それは奴隷制度のもとですごした長い夜の終わりを告げる喜びの夜明けであった。しかし、あれから一〇〇年たったいま、黒人たちはいまだに自由ではない。一〇〇年たったいま、黒人たちの生活は、いまだに人種隔離の手枷と人種差別の足枷に、縛られている。――それでも、私には夢がある。それはいつの日か、この国が立ち上がり、われわれは、『すべての人々は平等につくられていることを、自明の理と信じ』という信条を、真の意味で実現させることだ。私には夢がある。それは、いつの日か、ジョージアの赤土の丘の上で、かつての奴隷の息子と、かつての奴隷所有者の息子が、兄弟として同じテーブルに腰をおろすことだ。

私には夢がある。それは、いつの日か、不正と抑圧のために熱く蒸しかえるミシシッピ州でさえも、自由と正義のオアシスへと変わることだ。私には夢がある。それは、いつの日か、私の四人の小さなこどもたちが、肌の色によってではなく、人格そのものによって評価される国に生きられるようになることだ。私には夢があるのだ！」

キングの演説の後、公民権法の議会通過、学校の人種隔離廃止、雇用の際の人種差別禁止の要求を宣言されて後、この歴史的なワシントン大行進は終わりをつげた。モーセがピスガの頂から《約束の地》を見渡しつつも、《約束の地》に入る前に死んだように、キング牧師も彼が夢見る《約束の地》を見る前に暗殺された。そして彼もまた自分が《約束の地》に入る前に死ぬことを予期していたように思われる。彼は、一九六八年四月三日テネシー州メンフィスにあるメイソン・テンプル教会での演説「私は山頂に登ってきた」を次のような感動的なことばで結んでいる。

「これから先、何が起ころうとしているのか、私にはわかりません。たしかに、われわれの行く手には様々な困難が待ち受けています。しかし、私にとって、それはもはや問題ではありません。なぜなら、私は、山の頂にのぼったのです。私は、もう何も気にしてはいません。ほかの誰もがそうであるように、私も長生きをしたいと思っています。長く生きることには、それなりの意味があります。しかし、私はいま、そのことに執着していません。私はただ、神の意志のままに行動したいのです。神は私に山の頂に行くことをお許しになりました。そして、私は山の向こうを眺めてみました。そこに、私は《約束の地》を見たのです。みなさんとともに、あの《約束の地》に行くことは、私にはできないかもしれません。けれども今夜あなたがたに知ってほしいことは、われわれは皆、いっしょに、《約束の地》につくことができるということです。」

この演説の翌日キング牧師は暗殺された。キング牧師が描いた《約束の地》はいまだ形成途上にあるかもしれない。しかし、それは人類が到達すべき地点であり、その目標を目指して人種差別の撤廃運動は戦いを継続していった。一九六四年に公民権法が制定され、そして二〇〇九年一月に黒人のバラク・オバマが大統領に就任したことは、その戦いの一つの成果であるが、まだ終わってはいない。

抑圧→解放→契約→戦い→約束の国という「出エジプト」の伝統は、黒人解放運動においても《解放》のモデルとして多大な影響を及ぼしたのである。

〔参考文献〕

＊旧約聖書に関する概説

浅野順一『モーセ』（岩波新書、一九七七年）
浅野順一『旧約聖書を語る』（ＮＨＫブックス、一九七九年）
サムエル・Ｊ・シュルツ『旧約聖書概観』（聖書図書刊行会、一九七八年）
関根正雄『古代イスラエルの思想』（講談社学術文庫、二〇〇四年）

＊解放の政治学に関する書物
Ｍ・ウォーザー（ウォルツァー）『出エジプトと解放の政治学』（新教出版社、一九八七年）

＊キング牧師の演説集
キング牧師の演説「私には夢がある」と「私は山頂に登ってきた」は次の二冊の書物に収載されている。
Ｍ・Ｌ・キング『キング牧師の言葉』（梶原寿・石井美恵子訳、日本基督教出版局、一九九九年）
Ｍ・Ｌ・キング『私には夢がある』（梶原寿監訳、新教出版社、二〇〇三年）

＊旧約聖書の政治思想に関する書物
大河原礼三『聖書の人権思想』（木鐸社、一九八五年）
大河原礼三『聖書の平和思想をどう生かすか』（現代書館、二〇一〇年）
Michael Walzer, Menachem Lorberbaum, Noam J. Zohar (edited), *The Jewish Political Tradition*, vol. I, II, Yale University Press, 2000, 2003. 既刊の第一巻、第二巻のタイトルは、それぞれ「権威」、「メンバーシップ」であり、続刊（未刊）の第三巻、第四巻のタイトルは「共同体」、「歴史における政治」である。

第二講　契約の伝統——契約共同体

一　旧約聖書における契約概念

すでに述べた出エジプトの伝統は、《契約共同体》を前提としていた。《契約》は、烏合の衆を《倫理的・道徳的共同体》に変革するものであった。ウェーバーは『古代ユダヤ教』において、古代イスラエルにおける《契約》の意義を強調し、それがギリシャの精神文化、ローマ法の発展、ローマ教会の発展、中世的身分秩序の発展、プロテスタンティズムの発展と同様に世界史的意義を有するものであると述べている。ここでは、旧約聖書の《契約》概念の意味とその歴史的影響について、述べておくこととする。

旧約聖書においては、シナイ山でモーセに律法が付与され、神とイスラエル民族との間に《契約》が成立して以来、神はイスラエル民族にこの《契約》をいつも想起し、遵守するように命じた。古代イスラエルは《契約共同体》であった。ところで旧約に言う《契約》と私達が民法で一般に使用する《契約》

との相違点は何だろうか。三点ほど挙げておく。

神と人との契約

旧約における神と人間との契約は、垂直的で一方的な関係であり、相互的なものではない。神は《契約の神》を意味する《ヤハウェ》であり、《契約》は、ヘブライ語ではベリート（berith）、英語でカヴェナント（covenant）である。旧約では、アブラハム契約とシナイ契約が有名である。アブラハム契約は、創世記第一七章に記されているように、神がアブラハムの滞在しているカナンの土地すべてを、アブラハムとその子孫に永久の地として与えるという約束である。また出エジプト記第一九章と二〇章に記されているシナイ契約は神がモーセに与えた律法が中心で、律法を守れば祝福され、守らなければわざわいが起こるという約束である。《契約》が破られると、神は預言者を遣わし、《契約違反》を非難し、神の命令に立ち返るように警告した。この《契約》を破り、預言者の警告にも背を向けた結果が前七二〇年の北イスラエルのアッシリヤによる捕囚であり、前五八六年における南ユダのバビロン捕囚であった。

道徳・社会規範としての契約

律法は、神と人との関係だけではなく、人と人を規律する規定を含んでいる。「出エジプト記」第二〇章においては、有名な《十戒》が記されている。

第一戒　「あなたにはわたしのほかに神々があってはならない。」
第二戒　「あなたは、自分のために偶像を造ってはならない。」
第三戒　「あなたはあなたの神、主の御名を、みだりに唱えてはならない。」
第四戒　「安息日を覚えて、これを聖なる日とせよ。」
第五戒　「あなたの父と母を敬え」
第六戒　「殺してはならない。」
第七戒　「姦淫してはならない。」
第八戒　「盗んではならない。」
第九戒　「あなたの隣人に対して、偽りの証言をしてはならない。」
第一〇戒　「あなたの隣人の家をほしがってはならない。」

第一戒から第四戒までは神と人間との関係を規律するものであり、第五戒から第一〇戒までは人と人との関係を規律するものである。したがって神とイスラエルとの《契約》は、神と人との関係のみならず、人と人との関係も含めた《契約共同体》の形成を可能とするものであった。注目すべきことは、《契約》締結が、民全体の前で行われていることである。

「モーセは、契約の書を取り、民に読んで聞かせた。すると彼らは言った。『主の仰せられたことはみな行い、聞き従います。』そこでモーセはその血をとって、民に注ぎかけ、そして言った。『見よ。これは、これらすべてのことばに関して、主があなたと結ばれる契約の血である。』」（出エジプト記二四章七―八節）

このように、《契約》には、ユダヤのすべての民が参加し、《契約》を遵守することが義務づけられた。モーセは、約四〇年後、《約束の地》に入る直前、モアブの地において、《契約》の再確認を民に対して行っている。

旧約の律法は、民法や民事訴訟法、刑法や刑事訴訟法といった社会規範や手続きを含んでいる。その意味において、律法は《政治共同体》、《法共同体》の規範を構成したのである。《契約》は、宗教的のみならず社会的概念であり、ひろく倫理的、法的、経済的、政治的な領域にまで及んでいる。そして民一人ひとりが、自律的な《契約》の主体として、《契約》の遵守を求められる。ウェーバーは、『古代ユダヤ教』の中で、イスラエルの特質として、「宗教的なるベリート（契約）が、ありとあらゆる種類の法的および道徳的諸関係の現実的（あるいは思想的）基礎として、あまねく広く拡張された」と述べている。

世代間の契約

《契約》は、世代間の《契約》でもあり、すでに死んだ人、現在生きている人、これから生まれてくる人たちの《契約》でもある。イスラエルは絶えず《契約》を想起することが求められると同様に、《契約》を子孫に継承させることが求められた。「今日、わたしが命じるこれらの言葉を心に留め、子供たちに繰り返し教え、家に座っている時も、寝ている時も起きている時も、これを語り聞かせなさい。」（申命記六章六―七節）《契約》は、過ぎ越しの祭り、仮庵の祭りなど祝祭日を祝う時や、シナゴーグ（ユダヤ教の会堂）で《トーラー》（モーセ五書）が朗読されるたびごとに、絶えず《想起》され、心に刻まれてきたのである。ヴァイツゼッカーが名演説「荒野の四〇年」（一九八五年）で述べているように、ユダヤ人にとって《心に刻む》（erinnern）ことは、生きるに不可欠なことであった。

二　《契約》概念の後世への影響

ピューリタンの《契約》概念

メイフラワーでイギリスを《脱出》し、《約束の地》である新大陸アメリカをめざしたピューリタンたちは、新しい地での共同生活のために共に《契約》を締結した。一六二〇年に締結された《メイフラワー契約》には、「神の栄光のために、お互い同士《契約》を交わし、自分たちの良き秩序と先に述べた目標を堅持し、促進するために、自らを政治的な市民団体に結合することにした。そしてそれにより、時に応じて植民地の公の利益のためにもっともふさわしく便利だと思われる公平な法、命令、規則、憲法、役職をつくり、それらに対してわれわれは、当然の服従と従順を約束する。」と記されている。一八〇二年にジョン・クインシー・アダムスは演説し、これが初めての《社会契約》であると述べている。また一六三〇年にジョン・ウィンスロップを指導者とする別のイギリスからの移民がマサチューセッツへ到着した。ウィンスロップは、航行中の船における説教で次のように述べている。

「かくして神と我らの間に大目的があり、この仕事のために我らは神との契約を結んだのである。我らは任務を受けているのである。主は、我ら自身の契約箇条を作ることを許された。我らはこれこれの目的のために、こうした企てに乗りだすことを誓ったのだ。ここにおいて我らは神の恵みと祝福を願ってきた。もし神が我らの祈りに耳を傾け、平和裡に我らがのぞむ地に導き給うなら、神はこの契約を認め、我らの任務を認証したもうたのだ。そしてその中に含まれる契約箇条を厳しく守ることを期待されるであろう。」（ベラー『破られた契約』四五頁）

一七八〇年にはマサチューセッツ憲章が作成された。そこには「政治体は、自発的な個人の結びつきによって構成される。これは社会契約である。それによって民全体が市民各自と契約し、市民各自が民全体と契約を結ぶのである。」と記されている。

こうした《契約》は、神との《契約》であると同時に、相互の人々の間の《契約》であり、垂直的要素と水平的要素の両方の部分を含んでいた。

ロックの社会契約論

近代に入ると、ホッブズ、ロック、ルソーによって《社会契約論》が展開された。彼らに共通して見られる思考実験は、政府や国家のない《自然状態》を仮説として設定することにある。《社会契約》は、こうした《自然状態》からいかにして国家が形成されるかを説明する方式である。ロックは、『市民政府論』（一九六〇年）において、《社会契約》(social compact）に基づく政府の樹立を構想した。ピューリタンの《契約思想》に最も近いのがピューリタニズムの影響を受けたロックの《社会契約論》である。なぜなら、そこには、神の存在と神の意思としての《自然法》の存在が前提とされているからである。ロックは、神によって創造された人間に関して、次のように述べている。

「人間は、皆、唯一全能でない限り知恵を備えた創造者の作品である。すなわち人間は唯一なる最高の主の命によってその業にたずさわるために地上へ送られた召使いであり、主の所有物であって、人間相互の様々な意志によってではなく、神の意のある間、生存を許されるからである。」（『市

民政府論』二章六節）

人間は神の作品であり、神の所有物であり、神の意思に従って生きることが、ロックにとって生の目的であった。そして神の意思に従って生きることは、神の意思である《自然法》によって生き、《自然法》によって政治共同体を設立することであった。《自然法》は、個人の生命、自由、財産を追求することを要請すると同時に、他者の生命、自由、財産を尊重することを命じる。自然状態においては、個人の生命、自由、財産を保障することは困難なので、《契約》を結んで政治共同体を設立することが合意される。設立された政治権力は、《自然法規範》によって命じられている個人の生命、財産、自由を保障するという目的を有するのであり、この目的に反する時に政治権力は正当性を喪失し、《抵抗権》が容認されることとなる。人間は、自然状態においても政治社会においても《自然法》に拘束されるのであり、それは、人間の《自由》が《放縦》ではなく、法の範囲内におけるものだからである。ロックは《自由》は《放縦》ではないことを繰り返し指摘した。《自然法規範》を守らず、《放縦》に行動する人は自らを《契約共同体》の外に置いているのである。

ちなみにR・ベラーは、『破られた契約』において、一九六〇年代以降にアメリカにおいてピューリタニズムの伝統が失われ、神に対する責任意識が希薄となり、国民が自らの利益のみを追求する悪しき《個人主義》の危機に陥っていると指摘した上で、それはピューリタニズムの伝統において培われた神との《契約》からの逸脱である、と警鐘を乱打した。

〔参考文献〕

＊契約に関する文献

佐野誠「契約」（『政治概念の歴史的展開』第二巻所収、晃洋書房、二〇〇七年）
並木浩一『ヘブライズムの人間感覚』（新教出版社、二〇〇一年）
ロバート・N・ベラー『破られた契約――アメリカ宗教思想の伝統と試練』（未來社、一九八三年）
与那国暹『ウェーバーにおける契約概念――契約思想の根源をさぐる』（新泉社、一九九七年）

第三講　預言者の伝統——社会正義

預言の定義

私たちは、旧約聖書の伝統の一つとして、預言者の伝統を忘れてはならない。《預言》とは、神のことばを預かるという意味であり、未来のことを語るだけではなく、預かった言葉を語り、絶えず《契約》を想起させる。そして、《契約》や律法から逸脱した社会を徹底的に批判し、《悔い改め》を説くのである。預言はヘブル語で《ネヴァー》、預言者は《ナービー》で、預言するとは、「泡立つ、人間が何かに触れて熱心にものを言う」ことを意味する。前七世紀の預言者エレミヤは、「主のみことばは、私の心のうちで、骨の中に閉じ込められて燃えさかる火のようになり、私はうちにしまっておくのに疲れて耐えられません。」（エレミヤ書二〇章九節）と言っているが、まさに預言者の特質を示している。

預言者の職務は、世襲ではなく、神の《召命》によるものであり、神の代行者として神の言葉を語る。預言者は、時の権力者を激しく批判することも躊躇しないのである。

ここでは、預言者の伝統の一例として、アモスの預言をとりあげてみよう。M・ウォルツァーは、《社会正義》の源流を旧約聖書のアモス書に求め、『解釈としての社会批判』において、アモス書の意義を強調している。

アモス書の時代的背景

アモスは、キリストが生まれたエルサレムから南に約二〇キロ離れたテコアの羊飼いであり、いちじくぐわの木を栽培していた農夫であった。彼は、貧しい階層の出身であった。アモスとは、「重荷を負うもの」というヘブル語である。当時、統一王国が北イスラエルと南ユダに分裂していたが、アモスは南ユダにあるテコア出身であるにもかかわらず、北イスラエルに対する預言者としての《召命》を受けた。彼と同時代人の預言者には、ホセア、ミカ、イザヤがいた。彼の預言活動は、前七六五年から七五五年まで一〇年間に及んでいる。ちなみに北イスラエルは、前七二二年にアッシリアによって滅ぼされて、地図から消えていった。

当時、北イスラエルにおいては、階級対立が激化し、貧富の差が拡大していた。自営農民は没落し、債務奴隷におとしめられていた。アモスの批判は、貧しい者を犠牲にし、高利貸しをして暴利をむさぼり、市場価格を操作して、貧しい人々を搾取していた富める商人階級に向けられた。彼らはユダヤ人としての連帯の絆を破壊し、貧しい者に多大な負債を負わせていたのである。

経済的搾取階級に社会正義を訴えるアモス預言

旧約聖書のアモス書の中から、アモスの預言を見てみよう。

「彼らが金と引き換えに正しい者を売り、一足のくつのために貧しい者を売ったからだ。彼らは弱い者の頭を地のちりに踏みつけ、貧しい者の道を曲げ、父と子が同じ女のところに通って、私の聖なる名を汚している。彼らはすべての祭壇のそばで、質にとった着物の上に横たわり、罰金で取り立てたぶどう酒を彼らの神の宮で飲んでいる。」（アモス書二章六―八節）

ここには、高利貸しが「一足のくつ」の代金のために貧しい人を債務奴隷にし、放蕩に耽り、神の聖なる名を汚している姿が描かれている。

「聞け、貧しい者たちを踏みつけ、地の悩む者たちを絶やす者よ。あなたがたは言っている。『新月の祭りはいつ終わるのか。私達は穀物を売りたいのだが。安息日はいつ終わるのか。麦を売り出したいのだが。エパを小さくし、シェケルを重くし、欺きのはかりで欺こう。弱い者を金で買い、貧しい者を一足のくつで買取り、くず麦を売るために。』」（アモス書八章四―六節）

利潤追求をする商人たちにとって、新月祭や安息日は商売が禁じられていたので、早く終わってほしい祭日であった。彼らの心の中には、神を礼拝する気持ちはひとかけらもない。また彼らは不正な方法を用いて、つまり「エパを小さくし、シェケルを重くすることによって」貧しい人々を搾取する。エパとは、穀物や粉などをはかる容器で、シェケルは金や銀の重量の単位である。つまり彼らは、穀物を売る時に基準より小さなエパ枡を用い、代金を受け取る時に基準より重いはかり石を用いて、二重に搾取していたのである。

それだけではなく、彼らは賄賂で裁判を曲げ、貧しい人々の訴えを門前払いにする。「私はあなたがたのそむきの罪がいかに多く、あなたがたの罪がいかに重いかを知っている。あなたがたは正しい者をきらい、まいないを取り、門で貧しい者を押しのける。」（アモス書五章一二節）アモスは、「彼らは、公義をにがよもぎにかえ、正義を地に投げ捨てている」（アモス書五章七節）と痛烈に批判し、「公義を水のように、正義をいつも水の流れる川のように流れさせよ。」（アモス書五章二四節）と訴えかけるのである。アモスの警告は、経済的利潤を追求するあまり、貧しい者を踏み台にし、彼らの苦しみに耳を傾けようとしない人々に対する鋭い批判である。ここでいう《公義》とは、ヘブル語でミシュパットであり、正しい裁きをすることによって、社会秩序を維持することを意味する。また《正義》とはヘブル語でツェダカーであり、律法や《契約》の遵守を意味し、社会的弱者の救済が含意されている。律法は、社会的弱者に対する配慮を説いている。例えば、「やもめ」、「みなしご」については、「すべてのやもめ、またはみなしごを悩ませてはならない。」（出エジプト記二二章二二節）と記されている。また、貧しい者から利息をとることが禁じられている。

「私の民の一人で、あなたのところにいる貧しい者に金を貸すなら、彼に対して金貸しのようであってはならない。彼から利息をとってはならない。もし、隣人の着る物を質に取るようなことをするのなら、日没までにそれを返さなければならない。」（出エジプト記二二章二五―二六節）

また「悪を行なう権力者の側に立ってはならない。訴訟にあたっては、権力者にかたよって、不当な証言をしてはならない」（出エジプト記二三章二節）、「あなたの貧しい兄弟が訴えられた場合、裁判を曲げてはならない」（出エジプト記二三章六節）、「わいろをとってはならない」というように腐敗した権力に対する批判や、公正な訴訟に対する命令がなされている。

社会的弱者や貧しい人々に対する配慮は、律法の至る所に書きしるされている。それは、律法を貫く精神である。例えば、同国人の奴隷の場合、七年目には奴隷の身分から解放されて、自由の身となることができた。「あなたがヘブル人の奴隷を買う場合、彼は六年間仕え、七年目には自由の身として無償で去ることができる。」（出エジプト記二一章二節）また同国人の場合、七年目に負債を免除することが定められている。

「七年の終わりごとに、負債の免除をしなければならない。その免除のしかたは次のとおりである。貸主はみな、その隣人に貸したものを免除する。その隣人やその兄弟から取り立ててはならない。主が免除を布告しておられる。」（申命記一五章一—二節）

以上の規定は、同国人、つまりヘブル人に対するものであり、その意味において《同国人》と《在留異国人》（ゲル）との間に《二重道徳》が存在することになる。しかし、《在留異国人》も割礼を受け、過ぎ越しの祭りに参加することができる（出エジプト記一二章四八節、民数記九章一四節）のであり、また律法に基づく配慮を受けることができる。律法では、貧しい人々と同時に、《在留異国人》に対する救済策として落穂ひろいの慣習が命じられている。ミレーの名画「落ち穂拾い」は有名であるが、もともとそれは、貧しい人々と《在留異国人》のために設けられた律法の制度であった。

「あなたがたの土地の収穫を刈り入れる時は、畑の隅々まで刈ってはならない。あなたの収穫の落穂を集めてはならない。貧しい者と《在留異国人》のために、それらを残しておかなければならない。わたしはあなたがたの神、主である。」（レビ記一九章九—一〇節）

例えば、「ルツ記」のルツはモアブ人であったが、姑のナオミと一緒にモアブからユダヤのベツレヘムに帰ってきた時に、ナオミの親戚のボアズの畑で大麦や小麦の借り入れが行われる時の落ち穂を拾って生計を支えた。旧約聖書は、ユダヤ民族同胞だけではなく、《在留異国人》に対しても権利の尊重を説いている。そのことは、「《在留異国人》を苦しめてはならない。あなたがたも、かつてはエジプトの国で在留異国人であったからである。」（出エジプト記二二章二一節）という戒めにも明らかである。ヘブル人がエジプトで奴隷として苦役をしいられていた時の苦しみを、《在留異国人》に与えてはならないというのである。その意味において、律法はイスラエルの民族性という枠を越えた《普遍性》を有している。

政治・宗教エリートに対する批判

ところで、アモスの批判は、律法に反して、貧しい者をしいたげる社会的に裕福な商人階級に向けられていただけではなかった。彼は、祭司と君主にも批判の刃を向けている。宗教的エリートである祭司階級と政治的な支配者である王は、大商人と結託して、貧しい者を抑圧し、不義に手を貸していた。今日の言葉で言えば、政・官・業の《鉄の三角形》の癒着構造と類似した状況が宗教、政治、市場の間で成立していたのである。そしてその犠牲者は、社会的弱者であった。当時、北イスラエルの神殿はベテルにあり、その祭司はアマツヤであり、王はヤロベアム二世であった。アモスは、神殿や北王国イスラエルに対する神の審判を宣言した。「イサクの高き所は荒らされ、イスラエルの聖所は廃墟となる。私は剣を持って、ヤロベアムの家に立ち向かう。」（アモス書七章九節）この言葉に驚いたアマツヤは、ヤロベアムに人を遣わし、「イスラエルの家のただ中で、アモスはあなたに謀反をくわだてています。この国は彼のすべてのことばを受けいれることはできません。アモスはこう言っています。『ヤロベアムは剣で死に、イスラエルはその国から必ず捕え移されていく。』」（アモス書七章一〇―一一節）と伝えさせたのである。ヤロベアム二世の治世は、前七九三―七五三年であり、アモスの預言の時期（前七六五―七五五年）もその治世に含まれる。彼は、領土を拡大した野心的な君主であり、ヨルダン川東部やシリアの首都ダマスコ（ダマスカス）を勢力下に置き、重要な国際交易路を支配し、経済的繁栄を達成した。しかしその繁栄を享受していたのは、一部の特権階級であった。アマツヤは、ヤロベアム二世の権力をバックにして、アモスを脅迫し、彼を北イスラエルから追放しようとしたのである。彼はアモスに、「先見者よ。ユダの地へ逃げていけ。その地でパンを食べ、その地で預言せよ。ベテルで二度と預言するな。ここは王の聖所、王宮のあるところだから。」（アモス書七章一二―一三節）と脅迫したのである。

アモスの預言は、社会批判に留まらず、宗教的権力と政治的権力に対する批判、祭司と王に対する批判にエスカレートした。それは貧しい人たちを抑圧し搾取する豊かな商人階級に対する批判から始まり、そうした経済的利害と結びついた宗教的・政治的権力に対する批判に進み、最終的に北イスラエルに対する神の審判が告げられることになる。事実、アモスの預言の通り、北イスラエルのヤロベアム王朝は、七二二年アッシリアの侵略によって滅び去った。

旧約聖書は、アッシリヤへの捕囚と北イスラエルの崩壊の原因を、《ヤハウェ》に対する《契約破棄》

に求めている。

「アッシリヤの王はイスラエル人をアッシリヤに捕えうつし、彼らをハラフとハボル、すなわちゴザンの川のほとり、メディヤの町々に連れていった。これは、彼らが彼らの神、主の御声に聞き従わず、その契約を破り、主のしもべモーセが命じたすべてのことに聞き従わず、これを行わなかったからである。」（Ⅱ列王記一八章一一―一二節、傍点筆者）

預言による《被造物神化》批判

アモスの預言活動に見られるように、預言者は、権力者に対しても神のことばを語り、権力者を批判したので、迫害を受けざるをえなかった。こうした権力批判の伝統は、古代世界の権力の《神聖化》と著しい対照をなしている。古代社会においては、王の威厳は神に等しいものとみなされ、王への礼拝が強要されていた。ローマの皇帝礼拝もその伝統を継承したものである。日本では、天皇を《現人神》であるとする天皇礼拝もそうである。これに対してヘブライズムの伝統は、権力者からその神聖な衣をはぎ取り、神の前にその権力を相対化することであった。神の権威を代行するのは、君主ではなく預言者であり、旧約聖書のイスラエルの歴史は、王ではなく、預言者を中心に展開するのである。預言者の伝統から生まれてくるのが、M・ウェーバーの言う《被造物神化》の解体である。人間が神格化されたり、動物や太陽といった被造物を礼拝し、拝むことは、《唯一神》に対する裏切りであり、《偶像崇拝》の罪であった。M・ウェーバーは『古代ユダヤ教』の中で預言者が偶像崇拝や呪術を拒絶することによって、《呪術からの解放》に果たした役割を強調したのである。

ちなみに、キング牧師は、「キリスト教は共産主義をどう考えるべきか」という講演の中で、「カール・マルクスは、いずれもラビの家系に属するユダヤ人の両親から生まれ、当然受けるべきものとして、ヘブル語聖書による教育を受けたので、『公義を水のように、正義をいつも水の流れる川のように流れさせよ』という預言者アモスの言葉を片時も忘れなかった。」と述べている。マルクスの共産主義の源流が旧約聖書のアモス書にあることを示唆する注目すべき発言である。

〔参考文献〕

＊預言者に関する文献
雨宮慧『旧約聖書の預言者たち』（ＮＨＫ出版、一九九七年）
Ｍ・ウェーバー『古代ユダヤ教』（内田芳明訳、みすず書房、一九八五年）
金井美彦・月下昭男・山折哲雄編『古代イスラエル預言者の思想的世界』（新教出版社、一九九七年）
Ｋ・コッホ『預言者Ｉ』（荒井章三・木幡藤子訳、教文館、一九九〇年）
Ｍ・ブーバー『預言者の信仰』（『ブーバー著作集』七、八、高橋虔訳、みすず書房、一九六八年）
＊預言者と《社会正義》について
Ｍ・ウォルツァー『解釈としての社会批判』（大川正彦・川本隆史訳、風行社、一九九六年）

第四講　終末論の伝統

ヘブライズムとヘレニズムの歴史概念の相違

《終末論》は本質的にユダヤ‐キリスト教的概念である。終末論は、英語では、eschatology であるが、eschaton（エスカトーン）とはギリシャ語で《終わり》を意味し、logos（言葉）と結び合わされている。終末論の認識は、世界が一つの《終わり》に向かって進んでいるということを示している。これは、古典的伝統の歴史概念がニーチェの《永劫回帰》という言葉に示されているように《円環的》であるのに対して、ユダヤ‐キリスト教の歴史概念は、《直線的》であり、《起点》と《終点》がある。東京の山の手線は池袋から乗車してもまた電車は池袋に帰ってくるが、中央線は東京を始点とし、高尾を終点とするようなものである。レーヴィットは『世界史と救済史』の中で、ギリシャ的な《円環的》な歴史概念に関して、次のように述べている。

「ギリシャ人は、自然的なコスモス（cosmos）の目に見える秩序と美しさに、心を打たれていた。生成消滅のコスモス的法則はまた、彼らの歴史理解の模範であった。ギリシャ人の世界観によれば、万有は、同一物の《永遠の回帰》というすがたをとって動いており、そこでは、事物の発生することが始原へと還帰することに他ならない。この世界観は、宇宙に関する自然な理解を含んでいる。——《革命》（revolution）とは、もともと自然の《円環的な》回転を意味したものであり、決して歴史的伝統との断絶を意味したものではない。」（『世界史と救済史』一一頁）

これに対してレーヴィットは、ユダヤ‐キリスト教の歴史概念については、次のように述べている。

「真理は、歴史意識が終末論的な動機によって規定されているキリスト教的な西洋の宗教的基盤のうちにあるという前提のもとでは、未来が歴史の真の焦点である。このことは、イザヤからマルクスに至るまで、アウグスティヌスからヘーゲルに及ぶまで、一様にあてはまる。終局（finis）にして目的（telos）である究極の終末を問題にするこうした考えの意義は、運命や宿命に対する古代的な恐怖を克服しうる進歩的な秩序と有意味性との一図式を用意するところにある。この《終末》（eschaton）は、歴史の経過に結末を与えるだけではなく、一定の目標によって歴史の経過を整理し、用意するというところにある。」（『世界史と救済史』二六―二七頁）

旧約の預言者にとっても、キリスト者にとっても、歴史には《始まり》と《終わり》があり、目的がある。それは詰まるところ超越的な神が主権を持って導く《救済史》（Heilsgeschichte）である。ベルジャーエフは、『歴史の意味』において、「まさしくユダヤ民族こそ、人類の生活に《歴史的なもの》の原理を持ち込んだのである」と述べている。またエリアーデは、『永遠回帰の神話』において、人間の歴史を《宇宙》と《歴史》という二つの概念によって区別し、前者を古典古代の世界観、後者をユダヤ－キリスト教の世界観として区別し、歴史における《不可逆的なもの》、《新しいもの》を求める態度は、後者から生まれると述べている。

終末論の特徴

聖書の終末論には、次の三つの特徴がある。

(1) 世の終わりに、戦争や天変地異といった破局が到来し、諸民族や諸国家に対する神の審判が行われる。

(2) しかし、終末論には破壊や審判の後の回復と救済、そして《古い秩序》に替わる《新しい秩序》の到来が含まれている。《終わり》はまた《成就》であり、古い世の終わりは新しい世の始まりなのである。eschaton は、finis であり、telos である。

(3) そこには、来るべき《救い主》（Messiah）が来るというメシア思想が展開される。メシアが到来する時に、歴史の完成と成就、新しい《神の国》が到来するという見解である。ベルジャーエフは『歴史の意味』において、未来のメシアへの期待とその来臨に対する熱情的な待望こそ、ユダヤ民族の歴史の決定的要素であったと述べている。彼らは、メシアの到来を待ち望んでいたのである。こうしたメシア思想は、キリスト教にも受け継がれ、キリストの《再臨》（パルーシア）を待望する信仰を生みだし、最後の審判による古い世界の終わりとキリストの支配する《千年王国》と《新しい天と新しい地》の到来を告知するのである。

メシア思想

旧約聖書の預言書において、《終末論》と《メシア思想》がセットとして展開されている。ここでは預言者の《終末論》と《メシア思想》を紹介しておくこととする。例えばエレミヤは、ユダヤの民の堕落や腐敗に対する神の裁きとして《バビロン捕囚》を預言した。この預言は現実となり、前五八七年に南ユダ王国は制圧された。しかし、エレミヤは、バビロン捕囚の後に起こる出来事も預言していた。

「見よ、その日が来る。――主の御告げ――その日私は、ダビデのために正義の若枝を芽生えさせる。彼はこの国に広義と正義を行う。その日ユダは救われ、エルサレムは安らかに住み、こうしてこの町は、『主は私たちの正義』となずけられる。」（エレミヤ書三三章一四―一五節）

この《正義の若枝》こそダビデの子孫として生まれるメシア（ギリシャ語でキリスト）である。メシアが来る時に、ユダヤ王国の霊的・政治的復興が現実のものとなる。エレミヤと並び立つ預言者イザヤの預言もメシア預言で満ちている。

「ひとりのみどり子が、私たちのために生まれる。ひとりの男の子が、私たちに与えられる。主権はその方にあり、その名は、『不思議な預言者、力ある神、永遠の父、平和の君』と呼ばれる。その主権は増し加わり、その平和は限りなく、ダビデの王座に着いて、その王国を治め、さばきと正義によってこれを堅く立て、これをささえる。今より、とこしえまで。万軍の主の熱心がこれを成し遂げる。」（イザヤ書九章六―七節）

メシアの到来によって、神の支配が行われる永遠のユダヤ王国が到来するという預言である。エレミヤとイザヤの預言は、《政治的支配者》としてのメシア像を示している。しかしイザヤ書は同時に《苦難の僕》としてのもう一つのメシア像を示していることを忘れてはならない。

「しかし、彼は、私たちのそむきの罪のために刺し通され、私たちのとがのために砕かれた。彼への こらしめが私たちに平安をもたらし、彼の打ち傷によって、私たちはいやされた。私たちはみな、羊のようにさまよい、おのおの、自分勝手な道に向かって行った。しかし、主は、私たちのすべての咎を彼に負わせた。」（イザヤ書五三章五―六節）

もともと、この二つのメシア像は矛盾するものではなかった。なぜなら、イスラエルの《復興》は、まず《霊的復興》であり、その次に《政治的復興》であるからである。《霊的復興》なき《政治的復興》は、預言者の真意からほど遠く、ユダヤ人の傲慢を増幅させるだけである。《霊的復興》は、イザヤ書第五三章に示されているように、罪の悔い改めと、身代わりとして神の裁きを受けたメシアを信じる信仰によって生み出されるものであった。エレミヤもまた、メシア到来の時に《古い契約》に代わって、《新しい契約》が実現することを告知した。

「見よ、その日が来る。――主の御告げ――その日、わたしは、イスラエルの家とユダの家とに、《新しい契約》を結ぶ。その契約は、私が彼らの先祖の手を握って、エジプトの国から連れ出した日に、彼らと結んだ契約のようではない。私は彼らの主であったのに、彼らは契約を破ってしまった。――主の御告げ――彼らの時代の後に、私がイスラエルと結ぶ契約はこうだ。――主の御告げ――私は、彼らの神となり、彼らは私の民となる。」（エレミヤ書三一章三一―三三節）

イザヤの《苦難の僕》、そしてエレミヤの《新しい契約》は、新約聖書によるとイエス・キリストの誕生と十字架の死、そして復活によって成就した。使徒パウロは、旧約聖書で預言されたメシアがイエスであると宣言したが、当時の多くのユダヤ人たちは、イエスをメシア（キリスト）とは認めず、イエスを迫害し、十字架につけてしまった。彼らは、《政治的復興》のみを目指し、《政治的支配者》としてのメシア像に期待を寄せ、《苦難の僕》としてのメシア像を忘却したのである。

日本的な終末論の理解

イザヤやエレミヤの終末論的メッセージは、メシアの到来という《希望の原理》の告知であったが、日本では、《終末論》というと《希望の原理》は全く存在せず、《破局》の意味に限定して用いられる場合が多い。例えば、一九七〇年代に小松左京氏の小説『日本沈没』が終末論的ブームを引き起こすきっかけを作った。ノストラダムスの大預言の流行も終末論のイメージは《破局》である。

大木英夫氏は、《終末論》は《希望》の探求であり、《闇の中に輝く光》を求めるものであり、《希望》を求めること自体がユダヤ的であるという。《希望》は、ギリシャ神話においては、悪徳であるとみなされており、ギリシャ神話によれば、パンドラの箱の中から人間にとって災いとなるものがたくさん出てきたが、《希望》だけは外に出なかった。《希望》に対する積極的な評価は、ユダヤ‐キリスト教的伝統の中から入ってきたのである。それに対して、円環的歴史概念においては、《運命》と《諦観》しか残されていない。ヘブライズムは、《運命》や《諦観》を克服する真の《希望》を指し示す。

レーヴィットは、『世界史と救済史』の中で、ユダヤ－キリスト教の《終末論》が、後の歴史哲学に及ぼした影響に関し、一七、一八世紀の啓蒙主義の歴史哲学、ヘーゲルの歴史哲学、そしてマルクス主義の歴史哲学も、ユダヤ－キリスト教の救済史的な《終末論》の《世俗版》であることを示した。それらは、ニーチェのように《永劫回帰》を説くのではなくて、世俗化された形ではあるが、歴史には《終わり》と《目的》があり、その《終わり》は、最終的な地上の楽園と世界の完成であることを説くのである。しかしレーヴィット自身は、ユダヤ人であるにもかかわらず、歴史の《目的》や《希望》を拒否して、ギリシャ的な《永劫回帰》の世界に立ち帰るのである。それは彼が近代の進歩的な歴史観に幻滅するだけではなく、ユダヤ的キリスト教的な《終末論》そのものを否定したからである。彼にとってただ幻想と失望をもたらす《希望》は最悪の災いであり、外に出ないことが人類にとって幸いなのである。

次の第二部で述べる古典古代の思想においては、《コスモス》と《円環的な》歴史概念だけが問題とされ、《歴史哲学》は、入り込む余地がない。

〔参考文献〕

＊ヘブライズムとヘレニズムの歴史概念の相違に関する文献

M・エリアーデ『永遠回帰の神話』（堀一郎訳、未來社、一九八八年）

C・トレモンタン『ヘブル思想の特質』(西村俊昭訳、創文社、一九六三年)
N・ベルジャーエフ『歴史の意味』(氷上英廣訳、『ベルジャーエフ著作集』第一巻、白水社、一九六〇年)
T・ボーマン『ヘブライ人とギリシヤ人の思惟』(植田重雄訳、新教出版社、一九八四年)
K・レーヴィット『世界史と救済史』(信太正三他訳、創元社、一九六四年)

＊終末論に関する文献
大木英夫『終末論的考察』(中公叢書、一九六九年)
大木英夫『終末論』(紀伊國屋書店、一九七二年)
大木英夫『現代人のユダヤ人化』(白水社、一九七六年)
山本和編『終末論』(創文社、一九七六年)

第二部

古典古代の政治思想

ヘブライズムの政治共同体の特色が、《脱出共同体》であったのに対して、古典古代のヘレニズムのそれは、《領域共同体》である。またヘブライズムにおける政治共同体構成の原理が《契約》であったのに反して、古典古代のヘレニズムの政治共同体の特徴は、有機的な共同体であり、個と全体は密接不可分であり一体をなしている。

第二部においては、主にプラトンとアリストテレス、ヘレニズム時代の政治思想を取り扱うことにする。

ソクラテス以前のギリシャ哲学は、前八世紀のホメロスやヘシオドスの神話の世界を克服して、《自然哲学》として展開された。ソクラテス以降、人はいかに善く生きるかという倫理学や政治学が展開されることになる。《自然哲学》から《人間学》への転回である。しかし私たちは、ソクラテス以前の哲学者の《自然哲学》や《存在論》がプラトンやアリストテレスの哲学に及ぼした影響を看過することはできない。小アジアの西海岸のイオニアのミレトスから、万物の《根源》（アルケー、ἀρχή）を問う《自然哲学》が発生し、各地に伝播していった。タレス（前六二四―五四六）は万物の根源を《水》に求め、アナクシマンドロス（前六一〇―五四五）は《無限定なるもの》に求め、アナクシメネス（前五六〇―五〇〇）は《空気》に求め、ピュタゴラス（前五七〇―四九七）は《数》に求め、ヘラクレイトス（前五四〇―四八〇）は《火》に求め、ソクラテスと同時代人のデモクリトス（前四六〇―三七〇）は《原子》に求めた。しかし、プラトンやアリストテレスの哲学への影響において重要であったのは、万物の根源に対する問いであるよりも、《不変的・恒常的なもの》と《生成し消滅するもの》との関係をめぐる問いであった。この問いに対しては、全く二つの異なる回答が与えられた。ヘラクレイトスは、「万物は流転して止むことなし」、「戦いは万物の父であり、王である」と述べて、生成変化の法則を《ロゴス》(λόγος) と捉え、この《ロゴス》があらゆる現象を秩序づける原理であると考えた。このような《生成・消滅の世界》を見据えるヘラクレイトスに対し、エレア学派のパルメニデス（前五一五―四五〇）は、「存在のみあり、非存在はあることなく、また思惟せられる能わず」と述べ、存在は始めも終わりも持たない、恒常的なものと主張する。これに対して、彼は感覚によって捉えられる《生成・消滅、変化の世界》を誤謬、臆見に基づく《非存在》として退けるのである。彼の《存在論》は、プラトンのイデア論やアリストテレス、そして新プラトン主義の《神》概念に大きな影響力を及ぼした。こうしたソクラテス以前の哲学も念頭に置きながら、私たちはプラトンとアリストテレスの政治思想に入っていくことにする。

第五講　プラトンの政治思想

一　プラトンのプロフィール

プラトンの生涯は、彼の『第七書簡』とディオゲネス・ラエルティオスの『ギリシャ哲学者伝』の記述によって知られている。プラトン（前四二七―三四七）は、アテナイ有数の名家に生まれた。ペリクレス（前四九五―四二九）の死の二年後である。前四三一年にペロポネソス戦争（スパルタ中心のペロポネソス同盟軍とアテナイ中心のデロス同盟の戦い）が勃発していたが、前四〇四年にペロポネソス戦争がアテナイの敗北に終わり、三〇人独裁政権（親スパルタ）による恐怖政治が続いた後、民主制が回復した。プラトンは前四〇七年にソクラテス（前四六九―三九九）の弟子となっていたが、ソクラテスは前三九九年、陪審員裁判で死刑判決を受け、刑死した。この事件に関してはプラトンの初期の作品『ソクラテスの弁明』や『クリトン』に詳しい。この事件は、プラトンの民主制に対する批判を引き起こすこととなった。また彼は、この事件を契機として、政治から離れて、哲学の道を歩むこととなる。彼は、メガラに行った時にパルメニデスの影響を受け、南イタリアではピュタゴラスから深い影響を受けた。彼は、ソクラテスの死後から、ソクラテスを主役とする幾多の対話編を公表しはじめた。また彼は前三八七年、アテナイでアカデメイアを開き、研究・教育に専心した。前三六七年、六〇歳になってからシラクサの僭主ディオニュシオス二世の哲学教育を引き受け、シラクサの政治に関与しようとしたが、失敗に終わった。彼は、前三四七年、八〇歳でなくなった。

彼の著作の中には、初期の作品としては『ソクラテスの弁明』、『クリトン』、当時の有名なソフィストとの対話である『プロタゴラス』、カリクレスとソクラテスとの論争を含む『ゴルギアス』、初めて魂の《前在説》と《想起説》（アナムネーシス）を展開した『メノン――徳について』、中期の作品としては、恋（エロース）の本質を説いた『饗宴――恋について』、『パイドロス――美について』、死を前にしたソクラテスが若きパイドンに語って聞かせる形式をとり、《魂の不死》とイデア論、そして《霊魂の輪廻転生》を展開した『パイドン』、哲人王を展開した『国家』（ポリティア）、後期の作品としては、エレア学派のパルメニデスとその門下のゼノンとの対話編で、イデア論の再考に至る『パルメニデス』、知識とは何かを問うた『テアイテトス』、プラトンの宇宙論で、《造り主》（デミウルゴス）の概念が展開されている点で、中世のキリスト教神学に大きな影響を及ぼした『ティマイオス』、『政治家』（ポリティコス）、『法律』（ノモイ）などがある。ちなみにプラトンが開いたアカデメイアは、五二九年に東ローマ帝国皇帝ユスティニアヌス（五二七―五六五）が閉鎖を命じるまで、九〇〇年間も存続したのである。

二　プラトンの哲学と政治

プラトン哲学の特徴は、感覚的なもの（仮象）と超感覚的なもの（本体）、肉体と魂、素材（マテリア）と形相（エイドス εἰδός）の二元論である。プラトンにとって政治学は、哲学と密接不可分である。哲学なくして政治学がなりたたないように、ポリスの形成や統治はある一定の世界観や価値秩序と切り離して考えることができない。政治は、人間の価値の追求や内面には関わらず、外面の行動を規律する価値中立的なものであるという近代の政治観はプラトンにはあてはまらない。またアリストテレスの『政治学』に見られる政治的営みの一定の自律性もプラトンには認められない。プラトンは、政治家が認識し、実現すべき《善のイデア》について『国家』において、太陽の比喩（五〇七A―五〇九B）、線分の比喩（五〇九D―五一一E）、「洞窟の比喩」（五一四A―五一八B）を用いて認識論と存在論の両面から説明している。まさに『国家』のクライマックスの部分である。

太陽の比喩

プラトンは、太陽を《善のイデア》の似像とみなし、太陽の《照明》によって事物の認識が成立すると同時に、太陽＝《善のイデア》が事物の存在を根拠づけていると主張する。

「それならば、認識される事物に対しても、まさにその認識されるということが、《善》によって現実化されるばかりでなく、それの《ある》ということ、それの《有》もまた、《善》によって賦与され、それに帰属することになっているのだと言わなければならない。」（五〇九B）

線分の比喩

プラトンは、『国家』における「線分の比喩」の中で、人間の認識を、永遠不変のイデア（ἰδέα）にかかわる《知性的認識》（ノエーシス νόησις）ないし《知識》（エピステメー ἐπιστήμη）、数学に関係する《悟性的思考》（感覚ではなく、思考を用いて対象を考察しなければならないが、始原にさかのぼって考究するのではなく、仮説から出発する）、実際に見えるものしか見ない《確信》（ピスティス）、実物ではなく映像を実物とみなしている《映像知覚》（エイカシアー）に区分している（五一一D—E）。この中でプラトンにとって最も重要なものが、感覚的な世界を完全に超越した、絶対的で無時間的で不変のイデア的世界を認識する《知識》である。それに対して、それ自体の妥当性を問わない仮説を用いる《悟性的思考》も不十分であり、ましてや《確信》や《映像知覚》は移り変わりがあったり、誤っていたりする点で、信頼できないものである。

洞窟の比喩

プラトンの思考においては、本質と現象、永遠と時間、超感覚的世界と感覚的世界の二元論が支配している。このプラトンの思考を典型的に示しているのが、『国家』第七巻の中の《洞窟》の比喩である。囚人たちは洞窟の中で手足を拘束され、壁に映る壁しか見ることはできない。囚人の一人は、桎梏を解かれ、洞窟から険しい昇り道を通って、日の光の下に引きずり出される。彼は、最初は洞窟の中の光源と影を投げかけている諸事物を見て、最後に太陽を見る。「この太陽こそが、全時間と歳月を創造し、可視的空間における万物を秩序づけ、彼らが洞窟で見たものの原因である。」つまり、太陽は《善のイデア》であり、あらゆるものの知覚と存在の根拠であると同時に、絶対的な真理の基準かつ人間行動の規範たるべきものである。太陽を見た囚人は、また洞窟に戻って囚われの身にある人々を救済しなければならない。彼は、上方に留まるのではなく、囚人仲間の所に降りてきて、《善のイデア》の存在を教えなければならないのである。《魂》を方向転換させ、《善のイデア》に導くことこそ、プラトンにとって《教育》（パイデイア、παιδεία）であった。《教育》とは、無知な人々の魂に知識を注入することではなく、影の世界から光の世界へ、仮象の世界から真の実在の世界へ目を向けさせることに他ならなかった。多くの人々は、影の世界にいまだ生きているからである。

《善のイデア》を認識できるのは、ただ一握りの哲学者のみである。大多数の市民は、この善のイデアへのアクセスから排除されていて、映像や影、そして臆見の世界に生きている。プラトンは、哲学者の使命に関して、次のように述べている。

「哲学者は、つねに恒常不変のありかたを保つものに触れることのできる人々のことであり、他方、そうすることができずに、様々に変転する雑多な事物の中にさまよう人々は哲学者ではない。」（四八四B）

プラトンにとって、《実在》は、恒常不変なものであり、《生成》とは、変転する現象の世界に属するものであった。《実在》と《生成》は、後のアリストテレスと異なり、対立する概念であり、《生成》の現象は、感覚によって把握される《憶見》（ドクサ δόξα）に他ならない。

哲人王

ここから、哲学者こそポリスを統治する政治家になるべきであるとする《哲人王》の概念が『国家』の第六章で展開される。《善のイデア》を認識しうる《哲人王》がポリスを支配し、《善のイデア》に照らしてポリスの法律や制度を上から構築していくことが理想的なポリスの姿であった。プラトンは、最も優秀な人々が果たすべき《教育》の使命について、以下のように述べている。

「これらの人々をして、魂の眼光を上方に向けさせて、すべてのものに光を与えているかのものを、直接しっかりと注視させるということだ。そして彼らがそのようにして善そのものを見てとったならば、その善を《範型》として用いながら、各人が順番に国家と個々人と自分自身とを秩序づける仕事のうちに、残りの生涯を過すように強制しなければならない。」（五四〇Ａ―Ｂ）

恒常不変な真理や正義の《範型》に照らして、この世の法律の妥当性を検証するという点では、プラトンは《自然法論》の先駆者である。問題なのは、このような絶対的な価値が存在し、その価値を認識できる者が少数者であり、その少数者こそが統治できるという論理からは、様々な人々が活動する実践の場としての《政治的空間》は存在する余地がないことである。こうしたプラトン的政治概念は、後に啓蒙専制主義やボリシェヴィキ党の独裁にも流れ込み、《少数者独裁》を正当化する源流となっていった。

三　プラトンにおける《自然》と《作為》

Ａ・Ｐ・ダントレーヴは、『自然法』において、《自然》（ピュシス φύσις）と《作為》（ノモス νόμος）の対比の歴史的意義について次のように述べている。

「自然法の概念は、《自然》と《作為》との対比、《ピュシス》と《ノモス》との対比に明白に関係するが、この対比はギリシャ哲学において、またギリシャの政治思想において大きな役割を演じたものである。この対比はソフィストたちに、彼らが現存の諸制度を批判するための最も有力な武器を提供した。次いでそれは、プラトンとアリストテレスとにより、政治上の人間性に関する彼らの論議の中で、立派に論議されたが、しかしそれは、さらに降って、ストア派のコスモポリタニズムおよび《自然への復帰》なる教理において復活を見た。」（『自然法』二一六―二一七頁）

以下、《自然》と《作為》の対比を軸にして、プラトンの対話編におけるソクラテスとソフィストの論争を検討することにしよう。なおここでは、《作為》とは、《法律・習慣》と同じ意味で用いる。

ソフィスト

プラトンの時代においては、ポリスは衰退しつつあった。ポリスの再興こそ、プラトン政治哲学の目的であった。ポリスを解体させる思想的な役割を果たしていたのが、ソフィストであった。ソフィストは、もともと《賢者》という意味であったが、後に弁論術を教える職業教育者を意味するようになった。彼らは、《自然》と《作為》の二分法に基づいて、彼らなりの《自然》概念を引き合いに出して、ポリスの《ノモス》（習慣、法律）を攻撃することによって、ポリス崩壊に拍車を掛けていたのである。彼らの思想は、普遍的なものや絶対的基準を認めない点において、相対主義的であり懐疑主義的であった。プラトンはこうした危険な外来の思想と対決し、ポリス再興の哲学的・倫理学的基盤を確立しようと試みた。

ソフィストとして知られているのは、プロタゴラス、ゴルギアス、トラシュマコスたちであり、主に外国からアテナイに来て、《居留外国人》として青年に弁論術を教えて、生活している人々であった。ソフィストの思想は、プロタゴラスの「人間は万物の尺度である」という言葉に象徴的に示されている。ディオゲネス・ラエルティオスは、『ギリシャ哲学者列伝』の中で、プロタゴラスの次の言葉を紹介し、その言葉がプロタゴラスのアテナイからの追放の原因であったと説明している。

「神々については、それが存在するということも、存在しないということも、またその姿がどのようなものであるかということも知ることはできない。なぜなら、それを知ることを妨げるものは多いから、すなわち、それは知覚することができないのみならず、人間の生命も短いから。」（『ギリシャ哲学者列伝』第九巻第八章）

《神が人間の尺度》ではなく、《人間が万物の尺度》であるという考えは、絶対的な価値は認識できず、認識しうる価値は相対的、主観的なものであるという価値相対主義の走りである。客観的実在の世界が疑われ、主観的な価値判断が正当化されることになる。

トラシュマコス

プラトンの対話編では、ポリスの倫理的価値を危うくし、ポリスの絆を破壊するソフィストの典型は、トラシュマコスであり、カリクレスであった。プラトンは、『国家』第一巻の中でトラシュマコスの議論を、『ゴルギアス』の中でカリクレスの議論を紹介している。

トラシュマコスにとって、正義は強者の利益である。支配階級は自分の利益に合わせて法律を制定する。そして、法律を制定したうえで、自分たちの利益になることこそ、被支配者たちにとって正しいことだと宣言し、これを踏み外した者を不正な犯罪人として処罰する。したがって、《正義》（ディカイオシネ δικαιοσύνη）とは現存支配階級の利益になることであり、正しいこととは、強いものの利益になることである。《正義が力》ではなく、《力が正義》である。彼は言う。

「しかるに、その支配階級というものは、それぞれ自分の利益に合わせて法律を制定する。たとえば民主制のばあいならば民衆中心の法律を制定し、僭主制の場合ならば僭主中心の法律を制定し、その他の政治形態のばあいも同様である。そして、そういうふうに法律を制定したうえで、この自分たちの利益になることこそ、被支配者たちにとって《正しいこと》なのだと宣言し、これを踏みはずした者を法律違反者、不正な犯罪人として処罰する。さあ、これでおわかりかね？　わたしの言うのは、このように、《正しいこと》は、すべての国において同一のことを意味している。すなわち、現存支配階級の利益になることに他ならぬ、というわけだ。しかるに支配階級とは、権力のある強い者のことだ。したがって正しく推論するならば、強い者の利益になることこそ、いずこにおいても同じように、《正しいこと》なのだ、という結論になる。」（三三八Ｂ―三三九Ａ）

まさに、トラシュマコスにとって、《自然》ないし《自然法》は強者の権利であり、《ノモス》、つまり約束事としての法は弱者が自己を防衛するための手段であり、それは自然の理に反するものである。かくして、支配階級は、《ノモス》を無視したり、侵害したりすることができるのである。ここに、《ピュシス》と《ノモス》との対立というソフィストの対立軸が余すところなく現われていると言えよう。このトラシュマコスと同じような見解を披露しているのが、『ゴルギアス』に登場するカリクレスであった。

カリクレス

カリクレスは、「不正を行うほうが、不正を受けるより醜い」というソクラテスの見解を「そのようなことは、自然の本来（ピュシス）においては、美しいものではなく、ただ法律習慣（ノモス）の上でだけそうであるにすぎない」と批判し、《自然》と《ノモス》は、互いに相反する（四八三A）と『ゴルギアス』の中で断じている。少し長くなるが、カリクレスの《自然》と《ノモス》の相違が明白に表明されている箇所を引用しておこう。

「しかしながら、ぼくの思うに、法律の制定者というのは、そういう力の弱い者たち、すなわち、世の大多数を占める人間どもなのである。だから彼らは、自分たちのこと、自分たちの利益のことを考えにおいて、法律を制定しているのであり、またそれにもとづいて賞賛したり、非難したりしているわけだ。つまり彼らは、人間たちの中でもより力の強い人たち、そしてより多く能力のある人たちをおどして、自分たちよりも多く持つことがないようにするために、余計にとることは醜いことで、不正なことであると言い、また不正を行うことは、そのこと、つまり他の人よりも多く持とうと努めることだ、と言っているのだ。というのは、思うに、彼らは、自分たちが劣っているものだから、平等に持ちさえすれば、それで満足するだろうからである。かくて、以上のような理由で、《法律習慣》の上では、世の大多数の者たちよりも多く持とうと努めるのが、不正なことであり、醜いことであると言われているのであり、またそうすることを、人々は不正行為と呼んでいるのだ。だがぼくの思うに、《自然そのもの》が、直接に明らかにしているのは、優秀な者は劣悪な者よりも、また有能な者は無能な者よりも、多く持つのが正しいということである。――すなわち、《正義》

とは、強者が弱者を支配し、そして弱者よりも多く持つことであるというふうに、すでに決定されてしまっているのだ。」（四八三B―D）

そしてカリクレスは、「劣者・弱者のものは、すべて優者・強者の所有に帰するということ、これこそが《自然本来における正義》と断じている。

プラトンにとって、カリクレスは、《自然》の名のもとに、《正義》や《節制》といった価値を否定し、弱肉強食、放縦を主張し、正しき秩序を否定する人に他ならなかった。例えば、カリクレスは《節制》を否定して、「正しく生きようとする者は、自分自身の欲望を抑えるようなことはしないで、欲望はできるだけ大きくなるままに放置していくべきだ。」（四九二A）と主張している。

このように彼は《節制》の徳を《自然》に反する約束事として批判する。

「ソクラテスよ。真実はこうなのだ。つまり、贅沢と、放埒と、自由とが、背後の力さえしっかりしておれば、それこそが人間の徳であり、また幸福なのだ。しかしそれ以外の、あなたがたの言うようなあれらのものは、上べを飾るだけの奇麗ごとであり、《自然に反した》人間の約束事であって、愚にもつかぬもの、何の値打ちもないものなのだ。」（四九二C）

このような反道徳的と思えるような辛辣な議論に対して、ソクラテスは放埓よりも節度を持っている人が幸福であることを説得しようと試みている。そして善が快楽に優先すべきことを主張する。彼は《弁論術》がいかにして市民たちをすぐれた人物にするかを目的とするにもかかわらず、それが民衆に迎合し、民衆の欲望を刺激することに堕していると告発し、アテナイ民主制のリーダーであるペリクレスをもこのグループに入れている。彼はすぐれた弁論家は、「彼の同胞の市民たちの魂の中に、正義の徳が生まれて、不正は取り払われるように、また節制の徳がその中に生まれて、放埓は取り払われるように、そしてその他にも美徳が生まれて、悪徳は去っていくように」いつも心をくだくべきだと述べている。まさしくソフィストたちは、その反対を行っていたのである。

以上述べた、トラシュマコスやカリクレスの思想は、《自然淘汰》に近く、弱肉強食を正当化する理論であり、民主制ではなく、僭主制を肯定することになる。こうした強者の理論はニーチェの《超人思想》にもつながり、民主主義の平等原理やキリスト教の隣人愛を破壊していくものである。

グラウコン

ところで、『国家』第二巻の中で、トラシュマコスやカリクレスの《自然》に対抗して、《ノモス》の立場を主張したのがグラウコンであった。彼は、《契約》による弱者の保護を主張する。これは、《ピュシス》に対する《ノモス》の優位の主張である。だれしも自分が社会的弱者になる可能性を否定することはできない。今は強者であっても、いつその地位から転落するかは保証の限りではない。とするならば、《契約》によって弱者を守る法律を作り、それを履行することが得策である。彼は言う。

「自然に従えば、人に不正を加えることは善、自分が不正を受けることは悪であるが、ただどちらかといえば、自分が不正を受けることによってこうむる悪の方が、人に不正を加えることによってえる善よりも大きい。そこで、人間たちがおたがいに不正を加えたり受けたりしあって、その両方を経験してみると、一方を避け、他方を加えるだけの力のない連中は、不正を加えることも受けることもないように互いに契約を結んでおくのが、得策であると考えるようになる。このことからして、人々は法律を制定し、お互いの間の契約を結ぶことを始めた。そして法の命じることを合法的であり、正しいことであると呼ぶようになった。これがすなわち正義なるものの起源であり、その自然である。」（三五八E―三五九A、傍点筆者）

こうした考えは、《契約》以前には正義は存在せず、《契約》を履行することが正義であるというホッブズ的な《契約論》のさきがけである。これは、《ピュシス》に対して《ノモス》を強調する立場であるといえよう。この《契約論》は、《自然》に任せておけば危険であるという認識から出発している。強い者が弱い者を支配するという事実認識では、トラシュマコスとグラウコンは異なるものではない。

異なる点は、トラシュマコスがそのことを肯定するのに対して、グラウコンは否定し、ノモスによって弱い人を守ろうとしていることである。

ところで、プラトンは、『国家』の中で、何を正義として考えたのであろうか。それは、《ノモス》による正義ではなく、《自然的正義》の探究である。トラシュマコスとは異なる、規範としての《自然的な正義》であり、《秩序》であった。

例えばプラトンは、男性と女性双方が国家を守護する自然的素質を持っていることを認め、男女双方に音楽・文芸、体育の訓練を課す立法を提案し、実定法は、《自然法》＝自然の秩序にかなっているべきであると主張した。

「してみると、われわれが法に定めようとしていた事柄は、決して実現不可能なことではなく、夢想にすぎないことでもなかったわけだ。――いやしくも、われわれの意図していた立法が、物事の《自然本来のあり方》に沿ったものである以上はね。」（四五六C）

プラトンの《正義概念》

プラトンは、個人の正義を考えるに際して、それを拡大した国家の正義を考察することから始めている。プラトンの正義概念は、《均衡と調和》を特徴とする。ポリスは三つの異なった階級によって構成されている。ポリスを統治する統治者階級、ポリスを防衛する戦士階級、そして生産に従事する生産者階級である。この三つの階級がそれぞれの役割を果たしつつ、ポリス全体として調和と均衡を保つことこそが《正義》なのである。ソクラテスにとって、ポリスは拡大された人間の《魂》（プシュケーψυχή）であるが、人間の魂が理性的部分、気概的部分、そして欲望的部分によって構成され、それぞれの徳が知恵、勇気、節制であるように、ポリスの三つの階級もそれぞれ知恵、勇気、節制を目指すべき徳とみなすのである。

プラトンは、統治者階級と戦士階級に対しては、私有財産制を否定し、女性と子供の共有を提唱した。それは、私的利益を追求することをせず、ひたすら公共の利害を実現するための制度的要請であった。また、最もすぐれた男女から生まれる子供たちは育てるが、最も劣った男女から生まれる子供たちは育てる必要がないと言う。

プラトンは、《自然》という名のもとに、様々な器官の調和とバランスという有機体的思考を持っていた。統治者階級に対する婦女子の共有や私有財産制の否定といった主観的な価値評価さえ《自然》なものとみなされている。プラトンにとって、人間の本性に基づいての分業に依拠する理想国家を構築することは、《自然》にかなったことであった。プラトンは、『国家』の中で、彼の理想国家のことを「自然本来のあり方に従って建てられた国家」（四二八E）とみなし、正義概念について次のように述べている。

「正義をつくり出すということは、魂のなかの諸部分を、《自然本来のあり方》に従って互いに統括し統御されるような状態に落ち着かせることであり、不正をつくり出すとは、それらの部分が《自然本来のあり方》に反した仕方で互いに支配し支配されるような状態をつくり出すことではないかね。」（四四四D）

ソクラテスの《いかに良く生きるか》というモットーを受け継ぎ、《自然本来》のあり方に基づいて、《魂に対する配慮》をなしとげようとしたプラトンであったが、その中には財産や婦女子の共有といった《反自然的な》要素がかいまみえる。またプラトンにとって、《自然》という言葉は、《理念》ないし《イデア》と交換可能なものであった。

魂の不死

ところで、最終的にプラトンの正義概念を支えているのは、《死後の裁き》である。彼は、『国家』の第一〇巻のエルの神話の中で、《死後の裁き》について触れている。つまり有徳な人の魂は死後《幸福者の島》に送られ、悪徳な人は、《牢獄》（タルタロス）に送られる。《死後の裁き》に合わないためにも、人々は節制、勇気、正義を目指すべきである。カリクレスの言う権力者や独裁者は、《牢獄》に送られること間違いなしである。この見解は、ピュタゴラス学派の影響を受け、前六世紀後半に盛んになったものであり、霊魂の不滅、来世の思想、善悪の応報、死後の幸福を内容とするものであった。この思想は、『国家』、『パイドン』（六二Ｂ）、『パイドロス』（二五〇Ｂ）においても展開されている。プラトンは、『国家』において、ソクラテスに《魂の不死》について、「君は、気づいていないのかね。われわれの魂は不死なるものであって、決して滅びることがないということに。」（六〇八Ｄ）と語らせている。また彼は、『ゴルギアス』において、《死後の裁き》について、同じくソクラテスに「さて、ぼくとしては、カリクレスよ、これらの話（死後の裁き）を信じているし、そしてどうしたならその裁判官に、ぼくの魂を、できるだけ健全なものとして見せることになるだろうかと、考えているわけだ。」（五二六Ｄ）と語らせている。

このような《死後の裁き》は、キリスト教の《最後の審判》と類似している。しかし、決定的に異なっているのは、プラトンの考える《死後の裁き》は、ある魂は天上に昇り、ある魂は刑罰のために地下に下った後に、再び肉体をとって《輪廻転生》することである。その際、前世で人間であったものの魂が動物に転生し、動物であったものの魂が人間に転生することも可能である。その意味において、キリスト教というよりは、仏教の《輪廻転生》に近いと言えよう。肉体は《魂の牢獄》であると考えたプラトンにとって、魂が肉体を脱して天上に帰り、そこで安らぐことが、究極の幸福であるが、それは《輪廻転生》の宿命から脱することはできないのである。

四　プラトンの民主制批判

プラトンは、有機体的国家論の立場を取り、《哲人王》を提唱し、民主制に対して批判的であった。プラトンの民主制批判を考察する前に、当時のアテナイの民主制について述べておくことにする。

アテナイにおける民主制

アテナイにおいて民主制の発達の基盤が据えられたのは前五〇八年のクレイステネスの改革である。この改革は、それまでの四部族制を一〇部族制度に改め、各部族の区域を基本行政単位として、市民は居住区域に戸籍を持つようにした。この改革によって、それまでの血縁関係（ゲノス）にかわって、居住区域を単位とする行政区分が導入された。この改革によって、《イソノミア》（ἰσονομία）、つまり出身によって区別されない、法の前での万人の平等を特徴とする民主制が誕生したのである。これ以来、アテナイ市民は、民会、評議会、民衆裁判所に出席できる権利を獲得した。クロード・モセは、『ギリシャの政治思想』の中で、アテナイの民主制の発達に貢献したものとして、ペルシャ戦争に対する勝利、そしてペリクレスの指導力を挙げている。まさに、ペリクレス時代にアテナイの民主制は栄えたが、前四二九年のペリクレスの死以降、民主制は衰退の一途を辿った。アテナイの民主制の絶頂期は、前五世紀後半から四世紀にかけての時期である。そして、アテナイの民主制が衰退に直面し、ギリシャ世界を揺るがす社会的・政治的危機に直面して、四世紀の政治理論家たちは、ポリスを再興しようと企てたのである。しかし、彼等の民主制に対する態度はもはや手放しで賛美するものではなかった。クロード・モセは、当時のアテナイの民主制の堕落を次のように述べている。

「前四世紀のギリシャの政治思想は、当時の教養ある人たちの間に広がっていたアテナイ民主制への敵意を表現するものと考えられるのが普通である。――しかし、政体の原理よりもさらに、政治理論家たちを民主制から離反させていたものは、アテナイ民主制の現実であった。政治理論家の目に映じたデーモスは、前四世紀にはますます貧しい自由人の集団と混同されるものになっていたが、それは不正、無秩序、祖先からの法律の放棄をもたらした。」（『ギリシアの政治思想』七七―七八頁）

次に述べるプラトンの民主制批判も、当時のアテナイ民主制の堕落に起因していた。

プラトンの国制の類型

ソクラテスは、前四七〇年にアテナイに生まれ、前三九九年に毒杯を仰いで死んだ。プラトンの民主制批判は有名であり、彼の民主制批判は後世の人々を呪縛し続けた。彼が、民主制に批判的になったのは、師ソクラテスが民衆裁判によって死刑を宣告されてからである。プラトンの民主制批判は、ポリスの崩壊と堕落のプロセスを描いた『国家』の第八巻において鮮やかに示されている。すでに見たように、プラトンは、国家の階級を三つに分け、それぞれが人間の魂のどの部分に該当し、またその階級においては何が美徳とされるかについて書き記していた。つまり、ポリスの統治階級は、魂の理知的部分に対応し、《知恵》を徳として持つのに対し、戦士階級は、魂の気概的部分に対応し、《勇気》を徳として持ち、生産階級は、魂の欲望的部分に対応し、《節制》を徳として持つ。正義とは、この三つの機能の調和とバランスであり、そこに秩序の原型があった。

プラトンにとって理想的な国制とは、《善のイデア》を認識しうる哲人が王となる哲人王であった。以下、そこからの堕落形態としての四つの国制を列挙しておく。これは、一個人の魂の堕落のプロセスに対応している。プラトンにとって、理想的な国制の回復は、単に国制論に留まらず、とりもなおさず、そこに住む個人の魂の回復でもあった。そこに《魂への配慮》や《いかに善く生きるか》を問い続けたソクラテスの精神を継承したプラトンの問題意識が示されている。まさに政治とは《魂への配慮》の術である。プラトンは、「それぞれの国に住む人間たちの性格に基づいてこそ、国制が生じてくる」（五四四E）と述べ、その国々の国民の魂の状態が、それに対応する国制を産み出すと考えたのである。そうした国制は、それぞれの歴史的、文化的多様性に基づいて評価されるのではなく、普遍的な基準からの堕落形態として断罪され、ヒエラルヒー的に位置づけられるのである。

１　優秀者支配制（aristokratia）　これは、《知恵》が基準で、最も卓越した人間が統治する体制であり、一人の場合は《王政》（basileia）である。この国制に対応するのは、《知恵》を愛する人間である。

２　名誉支配制（tīmokratia）　これは、スパルタのように職業軍人が優位に立つ国家で、《名誉》が基準とされる体制である。この体制においては、勝利と名誉への愛が貴ばれ、平和よりもいくさが好まれ、支配者への従順が説かれる。この国制に対応する人間は、勝利を愛し、《名誉》を愛する人間である。

３　寡頭制（oligarchia）　これは、裕福な者が支配する体制で、富が基準とされる。ここでは、勝利や名誉を愛する人にかわって、金銭や金儲けを愛する人が生まれ、財産の評価にしたがって支配者が選ばれる。この体制においては、貧富の差が増大し、階級対立が激しくなる。支配者は群集を恐れるようになり、戦争もできなくなる。この国制に対応する人間は、金銭を愛する欲望的部分を魂の王座に据えている人物である。

４　民主制（dēmokratia）　ここでは、大多数の貧者が富者の支配をくつがえして内乱を起こし、支配者の座に座る体制であり、《放縦》と《悪平等》が支配する。自由は《放縦》と化し、平等は《悪平等》となる。めいめいが好き勝手なことをし、何でも平等に取り扱い、あらゆる欲望、非行そして不道徳が《自由》の名のもとに解放される。

５　僭主制（tyrannis）　これは、最悪者の支配であり、最も下等な人がアクロポリスを占領して、独裁政権を樹立する体制である。まさに《極端な自由》から《極端な隷属》が生み出される。プラトンはいかにデマゴーグ（民衆煽動家）が民衆の歓心を買い、その支配権を打ち立てるかを診断している。

「では、このような人間は、僭主となった当初、初めの何日かの間は、出会う人ごとに誰にでもほほえみかけて、やさしく挨拶し、自分が僭主であることを否定するだけではなく、私的にも公的にもたくさんのことを約束するのでないかね。そして負債から自由にしてやり、民衆と自分の周囲の者たちに土地を分配してやるなどして、すべての人々に、情ぶかく穏やかな人間であるという様子を見せるのではないかね。」（五六六D—E）

そして、僭主は常に意図的に外に敵を作り、戦争を引き起こし、常に強力な指導者が必要であることを唱えて、国内の結束をもたらそうとする。また戦争を行うための戦費を調達するために増税し、民を貧しくさせ、自分たちに対する反逆の芽を摘んでいくのである。

プラトンの民主制批判

プラトンの《僭主制》に対する批判はわたし達の心にリアルに迫ってくるが、それ以上に興味深いのは、彼の民主制に対する徹底した批判である。彼にとって民主制の特徴の一つは、言論の自由によってもたらされる《多様性》であった。

「まず第一にこの人々は、自由であり、またこの国家には自由が支配していて、何でも話せる言論の自由が行きわたっているとともに、そこでは何でも思い通りのことを行うことが放任されているのではないかね？」（五五七Ｂ）

この国制では、様々な《多様性》が認められて、外見的には豊かな精神文化が花開いているように思われる。

「これは、様々の国制の中でも、いちばん美しい国制かもしれないね。ちょうど、あらゆる華やかな色彩をほどこされた色とりどりの着物のように、この国制も、あらゆる習俗によって多彩に彩られているので、この上なく美しく見えるだろう。」（五五七Ｃ）

しかし、プラトンは、民主制の自由の内実は、価値や道徳基準を喪失した《放縦》であり、平等は《悪平等》であり、多様性は《無秩序》であることを憂えた。本来の平等とは、「等しい者に、等しいものを、等しくないものに、等しくないもの」を与えることであるが、民主制の平等は、「等しいものにも、等しくないものにも、等しいものを与える」ものである。例として、彼は、家庭や学校、そしてポリスにおける秩序を脅かす《悪平等》について次のように述べている。

「子供は父親と似た人間となり、両親の前に恥じる気持ちも怖れる気持ちも持たなくなる。自由であるためにね。そして居留民は市民と平等化されて同じような人間となり、外国人もまた同様ということになる。――先生は生徒を恐れて御機嫌をとり、生徒は先生を軽蔑し、個人的な養育係の者に対しても同様の態度をとる。一般に、若者たちは年長者と対等に振舞って、言葉においても行為においても年長者と張り合い、他方、年長者たちは若者たちに自分を合わせて、面白くない人間だとか権威主義者とか思われないために、若者たちを真似て機智や冗談で一杯の人間となる。」（五六三A）

そしてプラトンはこのような《悪平等》は、主人と奴隷、男と女との関係にも及ぶという。またプラトンは、必要な快楽と不必要な快楽、生産的な快楽と消費的な快楽を区別し、後者の欲望をコントロールし、避けるべきことを主張するが、民主制の人間は、欲望をすべて等しいものとみなし、欲望の飽くなき追求を好むのである。いわゆる《欲望民主主義》の成立である。更に民主制の人間は、自由を履き違えて、法律を破ることに何の痛みも感ぜず、無政府的になり、「絶対にどのような主人をも、自分の上にいだかない」のである。ひとことで言えば、民主制においては、あらゆる価値観の転倒が生じるのである。それは、すでに述べたトラシュマコスやカリクレスが主張していたことであり、ソクラテスが基礎づけようとした《正義》や《節制》といった徳の完全な破壊であった。

「こうして、《慎み》を《お人よしの愚かしさ》と名づけ、権利を奪って追放者として外へ突き出してしまうのをはじめ、〈節制〉の徳を《勇気のなさ》と呼んで、恥ずかしめを与えて追放し、《程のよさ》と締まりのある金の使い方を、《野暮》だとか《自由人らしからぬ賤しさ》だとか理屈をつけて、多数の無益な欲望と力を合わせてこれを国境の外へ追い払ってしまうのではないかね。——《傲慢》を《育ちのよさ》と呼び、《無統制》を《自由》と呼び、《浪費》を《度量の大きさ》と呼び、《無恥》を《勇敢》と呼んで、それぞれを美名の下にほめ讃える。」（五六〇D—E）

最終的にこの体制はその反動として、僭主制を産み出していく。プラトンは、「自由への貪欲、自由以外のものへの無関心が、この国制を変えて、僭主制を要求させるようにする。」と指摘している。過度の自由は、過度の隷属状態を引き起こすものであった。

プラトンの呪縛

ところで、前四世紀の政治理論家がプラトンのように、民主制をすべてトータルに否定したわけではない。民主制のいきすぎや堕落に対しては警戒しつつも、基本的に民主制を否定しなかったのは、ソクラテスの弟子クセノポン（前四三〇—三五四）、イソクラテス（前四三六—三三八）、アリストテレスであった。彼らの真意は、寡頭制に傾いた穏健な民主制の構築であった。しかし、後世に対して影響を及ぼしたのは、アリストテレスの民主制観ではなく、プラトンのそれであった。プラトンの民主制批判は、後世の民主制に対する見方を《呪縛》し、民主主義批判のモデルとして一五〇〇年にも亘って影響を及ぼし続けてきたのである。佐々木毅氏の『プラトンの呪縛』は、その影響を克明に描いている。

プラトンは、アテナイのポリスの崩壊が民主制から生まれると考え、哲人王の支配によってポリスの再興を企てた。しかし晩年プラトンは、理想国家に代わって次善の国家、つまり『法律』において、哲人王の支配に代わって、《法の支配》に期待したのである。

『国家』から『法律』へ

プラトンは、立法の目的が、《思慮》、《節制》、《正義》、《勇気》といった市民的な《徳》の形成にあることを主張する。そして彼は、「知性がすべての制度を統括することによってそれらが節制と正義に従うように、決して富や名誉心のもとに屈しないように」、法の制定者が《守護者》を据えることを主張する（六三二C）。この点に関しては、『法律』は、『国家』のテーマを継承していると言える。国家形成と《魂への配慮》を結びつける問題関心も一貫している。彼は言う。

「われわれのすべての持ち物の中で、魂こそもっとも神的なるもの、もっとも自分自身のものである。……しかるにわれわれのうちいわば誰ひとりとして、魂を正しい意味で尊敬していない。

……魂をより悪しき状態からより良き状態へといささかでも向上させていない者は、尊敬しているつもりで、実は少しも尊敬していないのである。」（七二六、七二七Ａ）

しかし、魂を高め、徳を涵養するというポリスや法律の目的に関しては同一であるが、以下の二点において『法律』は『国家』と異なっている。

第一点は、プラトンが《哲人王》の支配を断念し、《法の支配》を提唱していることである。

「もっとも、神の恵みによって、世の中に誰か、生まれながらに充分な能力をそなえた者が現われてきて、そのような絶対的な支配者の地位につくことができたとすれば、その人は、自分自身を支配すべきいかなる法律をも必要としないであろう。――しかし、現実にはそのような知性は、どこにも決して見出されはしないのである。――だから、それゆえにこそ、私たちは次善のものとしての規則や法律を選ばなければならないのである。」（八七五Ｃ―Ｄ）

第二点は、プラトンは『国家』の中では、《優秀者支配体制》を最善の国制とみなしていたが、『法律』においては、君主制が過度の《専制》に、民主制が過度の放縦に陥る危険性が存するので、君主制と民主制の《混合体制》を提案している。

「私たちは、国制としては最も専制的なものと、最も自由なものとを選び出し、そのどちらが正しい国制のありかたであるかを、目下考察しているしだいです。――両者のそれぞれからある適量を、すなわち前者の場合には、僭主として振舞うことの適量、後者の場合には、自由人として振舞うことの適量を採用すれば、その時それぞれの国制には、他にまさる繁栄がやどるが、これに反し、それぞれの国制が極点まで、つまり前者の場合には、隷属の極点、後者の場合には自由の極点まで押し進むと、どちらの側にとってもよい結果にはならない、ということでした。」（七〇一E）

こうした《法の支配》や《混合体制》の主張において、またクレタ、スパルタそしてアテナイといった諸々のポリスの法律や制度の分析を行っている点において、『法律』は『国家』にはないプラトンの現実主義的な一面を明らかにしている。しかしプラトンは『法律』において、《万物の尺度は神である》という立場を明確にしている。

「われわれ人間にとっては万物の尺度はなににもまして神であり、その方が、人々の言うように、誰か人間が尺度であるとするよりも、はるかに妥当なことなのである。」（七一六D）

この《神》（テオス θεός）は『国家』の《善のイデア》を言い換えたものであろう。

〔参考文献〕

＊プラトンの著作

『テアイテトス』（田中美知太郎訳、岩波文庫、一九七一年）

『パイドロス』（藤沢令夫訳、岩波文庫、一九七二年）

『ソクラテスの弁明、クリトン』（久保勉訳、岩波文庫、一九七三年）

『プラトン全集』（全一五巻・別巻一）（岩波書店、一九七四年）（第一巻は『ソクラテスの弁明』『クリトン』『パイドン』、第二巻は『テアイテトス』、第三巻は『ポリテイコス（政治家）』、第五巻は『饗宴』『パイドロス』、第八巻は『プロタゴラス』、第九巻は『ゴルギアス』『メノン』、第一一巻は『国家』、第一二巻は『ティマイオス』、第一三巻は『法律』所収）

『世界の名著６　プラトンⅠ』（田中美知太郎責任編集、中央公論新社、一九七八年）（『リュシス』『饗宴』『メネクセノス』『ゴルギアス』『ソクラテスの弁明』『クリトン』『パイドン』『クレイトポン』所収）

『世界の名著７　プラトンⅡ』（田中美知太郎責任編集、中央公論新社、一九七八年）（『国家』『クリティアヌス』「第七書簡」所収）

『国家』（上・下）（藤沢令夫訳、岩波文庫、二〇〇四年）

『法律』（上・下）（森進一・池田美穂・加来彰俊訳、岩波文庫、二〇〇七年）

『ゴルギアス』（加来彰俊訳、岩波文庫、二〇〇七年）

『プロタゴラス――ソフィストたち』（藤沢令夫訳、岩波文庫、二〇〇八年）

『パイドン――魂の不死について』（岩田靖夫訳、岩波文庫、二〇〇九年）

『メノン』（藤沢令夫訳、岩波文庫、二〇〇九年）

＊プラトンの入門書

佐々木毅『プラトンと政治』（東京大学出版会、一九八四年）

佐々木毅『プラトンの呪縛』（講談社、一九九九年）
竹田青嗣『プラトン入門』（ちくま新書、一九九九年）
藤沢令夫『プラトンの哲学』（岩波新書、二〇〇七年）
ジャン・ブラン『プラトン』（戸塚七郎訳、白水社、二〇〇四年）
＊その他の文献
A・P・ダントレーヴ『自然法』（久保正幡訳、岩波現代叢書、一九七四年）

第六講　アリストテレスの政治思想

一　アリストテレスのプロフィール

アリストテレス（前三八四―三二二）は、ギリシャの植民地でマケドニア国境の近くにあったイオニア人の植民都市スケダイラに生まれた。彼の父親は、マケドニア王の従医であった。彼は、一七歳（前三六七年）の時にアテナイに行き、プラトンの学園アカデメイアで二〇年間、三七歳まで研究生活を送った。彼は、前三五三年にはプラトンのイデア論に批判的になっていた。彼は、プラトンが死去した前三四七年にアテナイを離れ、前三四三年にマケドニア王フィリッポス二世に招かれ、王子アレクサンドロス（前三五六―三二三）の教育にあたった。その後前三三五年にアテナイに帰り、学園リュケイオンを開き、研究・教育を行った。彼の学問領域は、論理学、自然学、形而上学、倫理学、政治学、詩学、修辞学にまで及んでいる。彼は、前三二二年に六二歳で、エウボイアのカルキスで死亡した。

彼の生涯は、大別して四つの時期に分けられる。第一期は誕生から一七歳までで、故郷に留まっていた幼少時代である。第二期はアテナイにあるプラトンのアカデメイアに入門してから、プラトンの死（前三四七）によってアテナイを離れる二〇年間の研究と教育の期間である。この時期は、プラトンの影響が強く、プラトンに倣って、『エウデモス』『哲学について』などの対話編が執筆される。第三期は、前三四七―三三五年の一二年間の遍歴時代であり、この一時期に王子アレクサンドロスの家庭教師をつとめている。アレクサンドロスは、前三三六年にマケドニア王（在位前三三六―三二三）となった。この時期に執筆されたのは、『自然学』『動物誌』『天体論』『生成消滅論』などである。第四期は、アテナイに帰り、そこで学園リュケイオンを開設し、研究と教育に打ち込んだ一二年（前三三五―三二三）である。アリストテレスのほとんどの著作は、この第四期に書かれている。

本書で取り扱うアリストテレスの書物は、プラトンの《イデア論》を批判し、アリストテレス哲学の金字塔を打ち立てた『形而上学』『政治学』『ニコマコス倫理学』、そして『アテナイ人の国制』である。アリストテレスは、プラトン哲学のイデア論を批判するに到るが、彼はプラトンに対する自らの立場を『ニコマコス倫理学』において、以下のように記している。

「真理の確立のためには、しかしながら、親しきをも滅することがむしろいいのであって、それがわれわれの義務でもあると考えられるであろう。特にわれわれは、哲学者・愛知者なのであるから。けだし、真理も、親しき人々も、ともにわれわれにとって愛すべきものではあるが、真理に対してより多く尊敬を払うことこそが敬虔な態度なのである。」（一〇九六a）

プラトンやアリストテレスの政治学の営みの目的は、当時崩壊しつつあったポリス（πόλις）を再興することであった。ポリス崩壊の危機意識がプラトンやアリストテレスにポリスの根源に迫り、それを再興しようとする原動力を与え、偉大な政治哲学を産み出したのである。しかし、ポリス再興という目的において一致したものの、二人はペリクレス亡き後のアテナイの民主制に対する見解においては異なっていた。プラトンが民主制を《衆愚政治》と同一視し、ポリスを解体する国制であると批判したのに対して、アリストテレスは行きすぎた民主制を警戒するものの、基本的にアテナイ民主制を修正しつつ継承していった。私たちは、以下、アリストテレスのポリス再興の知的営みに迫ることにしよう。

二　哲学と政治学

政治学の位置づけ

政治学がポリスに関する学問であるとするならば、そもそも政治学が他の学問領域との関係においてどのように位置づけられているかを知らなければならない。そこにおいて、プラトンとアリストテレスの対照的な立場が明らかとなる。

　アリストテレスは、政治学をどのように位置づけているのであろうか。アリストテレスは、『形而上学』（第六巻第一章）と『ニコマコス倫理学』（第六巻）において、学問の分類を行っている。彼は、人間の知的活動を、《観想》（テオーリア θεωρία）、《実践》（プラクシス πρᾶξις）、《製作》（ポイエーシス ποίησις）に区別する。《観想》の理論学は、形而上学、数学、自然科学、論理学、生物学、心理学であり、《実践学》は倫理学、政治学であり、《製作学》は、詩学、修辞学である。《理論学》は、その対象が人間の意志とは独立に存在し、人間が変えることのできない世界についての学問である。《実践学》は、《理論学》と異なり、普遍妥当性を要求できるものではなく、人間の意志によって作り出されるものである。

知恵（ソフィア）

　アリストテレスにとって、観想においては《知恵》（ソフィア σοφία）が重要である。彼は、哲学的認識における《知恵》の重要性について『ニコマコス倫理学』において、次のように述べている。

「《知恵》というのは、もろもろの学のうち、最も厳密なものでなくてはならないことは明らかであろう。したがって、智者（＝哲学者・第一哲学者）と呼ばれるべきひとは、単に根源から導出されることを知るに留まらず、根源それ自身に関してもまた、その真を認識しているのでなくてはならぬ。かくして《知恵》とは、『直知（ヌース νοῦς）プラス学』なのであり、最も尊貴なものに関してのいわば頭を具備した学でなくてはならぬ。まことに政治とか《知慮》とかを最高視するごときは、人間が宇宙における最善なものならぬかぎり、不条理というべきであろう。」（一一四一a）

ここでは、政治学に対する形而上学、実践学に対する理論学、《知慮》に対する《知恵》の優位が示されている。

神学

アリストテレスにとって、原因を無限に辿り、かつ最高の目的を追求していけば、最終的に神に行きつく。したがって《神学》こそ最高の学問である。彼は、『形而上学』において、次のように述べている。

「というのは、もし、神的なものがどこかに存するとすれば、それは明らかにあのような独立、不動、永遠な実在のうちに存すべきであるから、これを対象とする第一の学は神学と呼ばれる。そして、最も尊い学は最も尊い類の存在を対象とすべきであるから。こうして、一般に理論的な諸学は、他の諸学よりもいっそう望ましいものであるが、理論的な諸学のうちではこの神学が最も望ましいものである。」（一〇二六a）

「神は永遠にして最高善なる生者であり、したがって連続的で永続的な生命と永劫」（一〇七二b）であるので、彼にとって《神》を知ることが、人間の最高の目的であった。

アリストテレスにとって、神は静止した存在ではなく、この世界を動かす《始動因》であった。しかしプラトンが『ティマイオス』において、《デミウルゴス》という《造物主》がイデアに基づいて世界を造ったと主張するのに対して、アリストテレスは《造物主》の概念を拒否し、この世界はそれ自体独立したものであって、始めも終わりもない《永遠の秩序》であると主張したのである。

知慮

ところで、アリストテレスにとって、理論学との関係で政治学が属する実践学はどのような特徴を持っているのであろうか。アリストテレスもプラトン同様に《知恵》を重視したが、《知恵》の働く領域は限定され、政治学や倫理学においては他の認識・実践方法が求められる。認識対象や領域に応じて、認識方法や実践基準も異なってくる。たしかに、《知恵》は最高のものであるが、しかし《実践》においては《知慮》（フロネーシス φρόνησις）の役割が大事である。《知慮》は、何をなすべきかを倫理的・政治的に判断し、個別的状況の中で、具体的文脈に基づいて判断し、選択する。したがってそれは、《知恵》のように普遍妥当性を主張しえないのである。彼は『ニコマコス倫理学』において、《知慮》の機能を以下のように書き記している。

「《知慮》は、単に一般的なことがらに留まらない。それは、個別的なことがらをも知らなければならない。けだし《知慮》は実践的であり、実践は個別的なことにかかわるからである。」（一一四一b）

したがって、アリストテレスは、《自然》と《ノモス》の対立という文脈の中で政治学を以下のように定義している。

「政治学が考察の対象とする立派な良き行為は、きわめて多様で流動的な意見よりなっているので、それは《自然》（ピュシス）によってではなく、《人為》（ノモス）によって存在するものと考えられる。――我々はそのような主題について語るにあたっては、ほぼ大体の真理であるような前提から出発し、おおよその真理を語り、そのような前提からそれより良きものがないだけの結論に到達するならば、それで満足しなければならない。」（一〇九四b）

このようにアリストテレスにとって、政治学は《ノモス》の学である。政治学が、「多様で流動的な意見」を対象とするものであり、普遍妥当性を要求しないのであれば、《永遠のイデア》を求めて、「多様で流動的な意見」を《臆見》として排斥したプラトンのように、政治学を哲学や形而上学に隷属させる必要はなくなる。アリストテレスにとって、実践の領域において政治学は最高の学問であり、ポリスを構成していく《棟梁的学問》であった。

「棟梁的な立場からの認識は、これを政治学と言ってよいが、それは、《知慮》というのと同一の状態なのであり、ただ両者はその語られる視点を異にしている。いまポリスに関する《知慮》（政治学）という観点からこれをみるとき、棟梁的位置にあるものとしての《知慮》は立法であるが、個別的にわたるものとしてのそれが、かえって《政治》（ポリティケー）という広く共通な名称を与えられている。」（一一四一b）

ここで、アリストテレスは、《知慮》を立法と政治のそれに区別し、後者を《評議》と《司法》に区別している。つまり、立法、行政、司法の営みは、《知慮》の営みである。

ここで、アリストテレスの《知慮》の概念に関して、二つ大事な点について触れておくことにする。第一点は、《知慮》は、倫理的徳と関連しているので、倫理的徳の担い手たる市民が、政治の担い手であることであり、《知慮》は政治的判断のみならず、倫理的判断を含んでいることである。彼の政治学は倫理学の延長線上にあると言っても過言ではない。彼の政治学は倫理学なくして成立しえないのである。『ニコマコス倫理学』の終わりにおいて政治学が始まっていることがそのことを如実に示しており、彼の倫理学もまた政治学によって完成する。マキァヴェリに始まる倫理と政治を分離する近代的思考はアリストテレスにとっては無縁である。

第二点は、アリストテレスが《制作》（ポイエーシス）と《実践》（プラクシス）を区別し、《技術》が前者に関係するのに対して、後者には適用できないと指摘している点である。《制作》と《実践》を区別し、政治を《実践》の領域に位置づけることは政治を上からのポリス形成の《技術》と理解しないためにも必要である。このアリストテレスの分類からすれば、《国家》のイデアを発見し、その理想国家をこの地上に実現するプラトンの営みは《実践》ではなく、《制作》に当たるといえよう。

実践哲学の復権

一九六〇年代以降、アリストテレスに代表される実践哲学の復権が生じた。この運動は、自然科学やプラトンの形而上学に反対し、それらが、《他者不在》のものであることを批判する。ガーダマー、リッター、ハンナ・アレント（一九〇六―一九七五）は、この流れの代表的存在である。アレントは、アリストテレスの《制作》と《実践》の相違に依拠しつつ、《労働》、《制作》、《活動》の区別を定式化し、実践の領域を切り開いた。周知のごとくアレントは、『人間の条件』の中で、政治を《仕事》＝《制作》として理解する見解を批判した。彼女によれば、こうした見方を典型的に示しているのがプラトンであった。それは、複数者が相互に言語を媒介として競い合う《活動》（action）とは異なり、単独者の行為である。《仕事》ないし《制作》の概念が政治の世界に適用されると、《善のイデア》を認識する哲学者が政治を行う《哲人王》のように、支配者と被支配者との関係が固定され、政治は支配者が被支配者をいかにして支配するかという支配技術の問題に還元されることとなる。それは、アレントによれば、複数者の共同作業を特徴とする《活動》、つまり政治の破壊なのである。

「創作の活動力では、他人から離れた唯一人の人間が最初から最後まで自分の行為の主人に留まる。《活動》を《制作》によって置き換えようとするこの試みは、民主主義に反対する議論全体にはっきりと現われている。しかしこのような議論は、それをさらに首尾一貫したものにし、もっと論理的に推し進めると、政治の本質に反対する議論に転化するであろう。活動の災いは、すべて人間の複数性という条件から生じているのだが、この人間の複数性というのは、公的領域である出現の空間にとっては必要不可欠な条件である。このために、この複数性を取り除こうとする企ては、必ず、公的領域そのものを廃止しようとする企てに等しいことになる。」（『人間の条件』五章三一）

すでにプラトンに見られる《制作》としての政治理解は、まさに近代において頂点に達することとなる。それは、マキァヴェリやホッブズといった近代の思想家に特徴的に見られるものである。アレントは、こうした《制作》としての政治理解が近代において支配的になったことによって、アテナイにおけるポリスの実践に見られる《公的空間》や《活動》が見失われてしまったことに警鐘を乱打し、実践哲学の復権を唱えるのである。こうしたアレントの政治観は、プラトンの本質と現象、永遠と時間の二元論を否定し、《現われの世界》における複数者の活動に対象を限定する現象学の成果であった。

三　自然と作為

ところで、政治学が《ノモス》の領域に属するとするならば、もはや全く《自然》は関係しないだろうか。換言すれば、ポリス形成に関して、人々の行動を導く基準や制約は全く存在せず、政治には個々の利害を調整し､外的な行動を規制するだけの役割しかないのであろうか?　この問題に答えるために、まず、アリストテレスにとっての《自然》とはいったい何だろうかという問いに答えておきたい。私たちがすでに見たように、カリクレスやトラシュマコスにとっての《自然》は、赤裸々な権力意志という人間本性であり、プラトンのそれは、そうした人間本性を規制し、人を有徳なものにする規範ないし理念であった。前者にとっては、《自然》はザイン（存在）の概念であったのに対して、プラトンのそれはゾレン（当為）の概念であった。それに対して、アリストテレスの《自然》概念は、ザインとゾレンを統合するものである。そのことを知るためには、アリストテレスのプラトン批判を考察する必要がある。

イデア論批判

アリストテレスは、感覚的世界と超感覚的世界、質量と形相、肉体と魂、現象界とイデア界というプラトン的二元論を打ち破り、この対立を総合した哲学体系を構築した。それは、個物の中に《形相》が含まれていると考え、この形相が実現されていくプロセスを、《可能態》（デュナミス δύναμις）から《現実態》（エネルゲイア ἐνέργεια）への変化とみなした。彼は、『形而上学』において、プラトンのイデア論を批判し、以下の様に述べている。

「彼らは、感覚界の個別的事物は流転していて、それらのなに一つも同一に止まるものはないと考え、そして普遍的なものはそれらよりほかに存在し、それらとは異なるものであると考えた。もっとも、こうした考えを誘発したのは、――ソクラテスその人であり、彼の求めた定義によってである。ただし、彼はその諸定義を個別的事物から切り離しはしなかった。そして、この切り離さなかった点では、彼の考えは正しかった。」（一〇八六b）

アリストテレスにおける《形相》は、《質料》を《現実態》へと転化させる《始動因》であると同時に、目的を達成させる《目的因》でもある。したがって、アリストテレスにとって自然的秩序は、因果関係の連鎖であると同時に、目的論的秩序であった。彼は、この点において、《自然》概念について『形而上学』で次のように述べている。

「さて、上述からして明らかなように、第一義的の主要な意味で《自然》と言われるのは、各々の事物のうちに、それ自体として、その運動の始まり《始動因》を内在させているところのその当の事物の《実体》（ウーシアー、οὐσία）のことである。というのは、事物の質量が《自然》と言われるのは、質料がこの実体を受容しうるものなるがゆえにであり、また事物の生成し、成長する過程が《自然》と呼ばれるのも、この過程がまさにこの実体から始まる運動なるがゆえであるから。」（一〇一五a）

このように、《生成する事物の成長過程》が《自然》であるとするならば、その過程は同時に事物の《目的》が達成されるプロセスでもある。例えば、質量である樫の実は、成長し、《形相》である樫の木の姿になり、その目的を実現する。またアリストテレスは、無機物から、植物、動物、人間、神に至るまでの段階を、一つの有機的な《目的論的秩序》として理解した。《感覚的な魂》しか持たない動物→《理性的魂》を持っている人間→いかなる質量ももたず、永遠の実体である神のヒエラルヒーが存在するのである。

実践学における《自然》の意味

問題は、アリストテレスにとっては、政治・倫理の領域において《自然》はどのような影響力を持っているのかである。すでに述べたように、この領域においては、《知慮》という実践知によって決断や選択が行われるのであり、《自然》というより《ノモス》の領域である。ポリスにおける市民的徳は、《習慣》によって形成され、《自然的》に形成されるわけではない。人は悪徳に向かうことも可能である。しかし、この実践の領域においても、《自然》の目的論的秩序が存在し、この秩序を実践によって形成するように導かれる。アリストテレスは、《自然》を人間の本性に適合しているものと考え、《自然的傾向》が人間にインプットされていると考えた。

その典型的な例が、「人間は本性上（フュセイ φύσει）ポリス的動物である」（『ニコマコス倫理学』一〇九七b）というアリストテレスの言葉である。アリストテレスは、《可能態》と《現実態》の区別に基づいて、政治的共同体を人間本性に根差す《可能態》の実現とみなした。ポリスに向かう衝動はすべての人に備わっており、そうでないものは、野獣か神に他ならない。アリストテレスは、「自然に即して構成された共同体」形成のプロセスとして、家（オイコス οἶκος）→村→ポリスを考えた。家は、男性と女性が子孫を残すために一つとなる自然的な共同体である。アリストテレスにとってプラトンの言う婦女子の共有は、《反自然的》であった。彼は、ポリスが人間の《自然》に根差し、人間の究極的目的であることを以下のように述べている。

「一つ以上の村から出来て完成した共同体がポリスである。これはもうほとんど完全な自足の限界に達しているものなのであって、なるほど、生活のために生じてくるのであるが、しかし、善き生活のために存在するのである。それ故に、すべてのポリスは、もし最初の共同体も《自然》に存在するのであるなら、やはり《自然》に存在することになる。なぜならポリスはそれらの共同体の《終極目的》（テロス、τέλοσ）であり、また《自然》が終極目的であるからである。」（『政治学』一二五二b）

こうした叙述からすれば、ポリス形成は人間の偉大な成果であるというよりは、《自然史》の産物として位置づけられる。ポリス形成の目的は、行為者の主観的な意図ではなくて、自然的秩序に内在しているものである。アリストテレスの『政治学』においては、《自然に一致している》ないし《自然に反している》という言葉が多用されている。例えば、主人による奴隷の支配、魂による肉体の支配、人間による動物の支配、男性による女性の支配が《自然にかなったものとして》正当化されている。

アリストテレスにとって、人間は言葉（ロゴス、λόγος）を持つ存在であり、「善悪正邪等などについて知覚を持つということが、他の動物に比べて人間に固有なことである。」（『政治学』一二五三a）しかし、人間は悪を選び、善を避ける自由意思が与えられている。したがって、人間は、「徳を欠いていれば、最も不敬で最も野蛮で、また情事や食物にかけて最も悪しき者」（一二五三b）となりうるのである。また、「人間は、完成された時は動物の中で最もよいものであるが、法や裁判から切り離された時は、すべてのもののうち最も悪い者である。」人間は、ポリスから離れようとする傾向があるが、アリストテレスからすれば、それは、《自然に反する傾向》なのである。

四　ポリス概念

ポリス概念

アリストテレスが生きたアテナイにおいては、ポリスの崩壊が進行していた。そうした危機的状況の中で、アリストテレスはポリスの再興を企てた。彼のポリス概念を『政治学』を中心に考察してみよう。ちなみに、『政治学』は、全八巻によって構成され、第一グループ（第一―三巻）は、ポリスとは何かについて述べ、第二グループ（第四―六巻）は様々な国制の考察に充てられており、第三グループ（第七、八巻）は、理想的な国制を論じている。

古代ギリシャが政治思想に遺した最大の遺産は、polis（πόλις）の概念である。英語の politics もここから由来している。polis を《国家》と訳すのは誤解を引き起こしかねない。英語で polis を city-state と訳するのも正確ではない。なぜなら state（国家）という言葉には、権力機構という意味合いが強いからである。それに対して、polis, そしてラテン語の civitas, res publica は、《政治的共同体》（ポリティケ・コイノニア）であり、単なる権力装置ではない。polis をドイツ語で Stadtgemeinschaft（都市共同体）と訳する場合があるが、その方が本来の意味に適っている。ギリシャのpolisやラテン語のcivitasは、politēs（市民）やcivisの集合体である。ペリクレスは演説において、「アテナイとは、城壁やその他の土木施設のことではなく、アテナイ人のことである。」と述べた。またアリストテレスは、『政治学』において「ポリスは市民たちの集合体」であると述べ、ポリスの分析を《市民》から始めている。

ポリティケ・コイノニアとゾーン・ポリティコン

古代ギリシャには一五〇〇以上のポリスがあり、そのほとんどは小さく、人口も二万人、最大でも三〇万人ほどであった。政治の単位はこのポリスであった。アリストテレスは、ポリスを、《コイノニア》（κοινωνία）の最高の形態と理解した。

「人々の間には、共同体の形態があり、そのうちの一つが真に独立したもので、残りの共同体をことごとく支配している。これが市民社会ないし政治社会としてのポリスである。それがポリスとよばれるもの、《ポリティケ・コイノニア》（πολιτική κοινωνία）とよばれるものである。」（一二五二a）

そして人間の徳性は、この政治共同体の中で成長し、完成するのである。政治共同体の外で自足しているのは、もはや人間とはいえないのである。

「人間がその本性において《ポリス的動物》（ゾーン・ポリティコン）であることは明らかである。そしてポリスを持たないものがあるとすれば、人間として劣性のものであるか、あるいは人間以上のものである。――共同体に入り込めない者、あるいは自足していて他に何も求めることのない者がもしあるとしたら、それは国家社会のいかなる部分ともならないわけであって、したがって野獣か神である。」（一二五三a）

人間が《政治的動物》であることは、ポリスにおいてのみ、単なる生活ではなく、善き生活、《共通善》の達成が可能であることを意味している。アリストテレスは、《政治的動物》という言葉を、ここ以外にも、『ニコマコス倫理学』（一〇九七b）、『政治学』（一二七八d）で用いている。

ポリスと共通善

ところで、ポリスの目的とは一体何であろうか。近代的な国家観によれば、国家の目的は、個人の生命、自由、財産を保障することであって、個人がどのような生活を送るかは、国家が口出すべきことでないとされる。国家は、市民がたとえ悪徳な生活を送っていたとしても、法に触れない限り、個人の価値の選択に干渉できない。しかし、アリストテレスにとってポリスの目的は、市民の《善き生活》をもたらすことであった。彼は、「善き生活ということこそ、共同体全体にとっても、個々人にとっても最終目的であることはかわりがない。」（一二八七b）と述べている。ポリスは「善き生活をいとなむための生活共同体であり、そのめざすところは、完成し自足した生活にある」（一二八〇b）のである。

このように、アリストテレスにとって、ポリスは単に政治共同体であるのみならず、倫理共同体でもあり、《共通善》を達成する使命を帯びている。ポリスと個人は密接不可分であり、ポリスが全体であり、個人がその一部分であった。ここで、アリストテレスの言うポリスの特徴を以下、四点に関して考察してみよう。

1．ポリスは「帝国」ではない。

ヘロドトス（前四八四―四二五）は、『歴史』第七巻において、アテナイのポリスと当時のペルシャ帝国を比較し、一人の人間に多数の人間が服従することを特徴とする《帝国》ではなく、非人格的な法に従う自由人の共同体としてのポリスを評価している。彼は、小アジアのギリシャ都市に生まれたペリクレスの同時代人であり、黒海沿岸、フェニキア、バビロン、エジプトなどを幅広く旅行して見聞を広め、ペルシャ戦争（前五〇〇―四七九）を題材として『歴史』を書いた人物である。

またトゥキディデス（前四六〇―四〇〇）もアテネとスパルタとの戦いであるペロポネソス戦争（前四三一―四〇四）を描いた『戦史』において、ペロポネソス戦争の犠牲者を弔うペリクレスの葬送演説（前四三一）を引き合いに出し、市民の自由や公共的善への献身を特徴とするポリスを、膨大な官僚機構と権力支配によって人々を服従させる《帝国》と比較している。ペリクレスによれば、アテナイの国制は他国の制度をまねたものではなく、他国の模範となるものであり、少数者ではなく、多数者に権力があり、また万人に発言の自由が認められているが、悪平等でもない。

アリストテレスも、ヘロドトスやトゥキディデスが有していた認識を共有していた。彼は、「アジア人は、ヨーロッパの人々よりも隷属的なので、なにも苦に悩むことなく、専制的支配に耐えるからである。」（一二八五a）と述べている。

2．ポリスは家（オイコス）ではない。

アリストテレスは、ポリスと家（オイコス）を三点にわたって比較している。

第一の相違点は、公的領域か私的領域かという問題である。家（オイコス）が、《私的領域》であり、主人、女性、奴隷（ヘイロタイ、ヘロット）によって構成される家内労働が行われる場であるのに対して、ポリスとは、家の主人が平等な市民として、政治を行う《公的領域》である。アリストテレスは、市民の平等に関して、『政治学』の中で、「ポリスが市民の間の平等ないしは同等の資格ということに基づいて構成されている場合には、市民たちはそれぞれ順番に統治し、支配するための役職につくのを当然のことと考える。」（一二七九A）と述べている。またペリクレスの葬送演説は、ポリスにおける市民の公的活動の意義を以下のように述べている。

「われらは質朴なる美を愛し、柔弱に堕することなき知を愛する。われらは富を行動の礎とするが、いたずらに富を誇らない。また身の貧しさを認めることを恥としないが、貧困を克服する努力を怠るのを深く恥じる。そして己の家計（oikonomia）同様に、国の計（politikē）にも心を用い、己の生業に励む傍ら、国政の進むべき道に十分な判断を持つように心得る。ただわれらは、公私領域の活動に関与せぬ者を暇を楽しむとはいわず、ただ無益な人間とみなす。」（トゥキディデス『戦史』第二巻）

古代ギリシャにおける《公的なもの》の《私的なもの》への優位は、英語の private という言葉にも明白に現われている。《私的》（private）という言葉は、大切なものが《奪われている》（deprived）欠如態を示している。したがって、古代ギリシャにおいて《幸福》は、《私的幸福》ではなく《公的幸福》を意味した。

主人的支配と政治家的支配

第二の相違点は、支配の構造に関するものであり。アリストテレスは、家の支配形態を《主人的支配》と呼び、ポリスの支配形態を《政治家的支配》と呼んでいる。《主人的支配》と《政治家的支配》の区別は、アリストテレスの政治学の核心的部分である。すべての家は一人の人によって支配されるので、家政（オイコノミア οἰκονομία）は独裁制であるのに対し、国政術（ポリティケー πολιτική）つまり政治家の術は、自由で互いに等しき者たちの支配である。」（一二五五b）家の支配である《主人的支配》は、主人の奴隷に対する命令と服従関係であり、主人と奴隷は、支配する者と支配される者との垂直的な権力関係である。アリストテレスは、「支配することと支配されることは、ただ必然なことに属するばかりではなく、――あるものは支配するようにできており、またあるものは支配されるようにできている。」（一二五四a）と指摘している。彼は、ここで、主人と奴隷の支配・服従関係を《自然》に基づく支配関係とみなしている。他方、ポリスにおける《政治家的支配》は、市民の自由な活動の場であり、《知慮》が発揮される領域であった。ダントレーヴは、「ポリスとは、ポリティケ・コイノニア、つまり実力や圧制にではなく、法の原理に基づく自由で平等な市民による自発的秩序である」と述べている。

《主人的支配》と《政治家的支配》の相違を要約すると、《主人的支配》とは権力が垂直的で、上意下達で、支配と被支配が固定化されている支配システムであるのに対して、ポリスの《政治家的支配》とは、法と合意に基づく秩序形成であり、強制的契機を排除したものである。もしポリスが家の支配のモデルにおいて統治されるならば、それは《専制》である。アリストテレスは、『政治学』において、「専制の支配の仕方は、一人の支配者が国家共同体に対して、ちょうど主人が奴隷に対して行うのと同様の支配を行うものである。」（一二七九b）と述べている。それに対して《政治家的支配》は「自由で互いに等しき者たちの支配」であり、「支配するものと支配されるものが順次交替する」ので、民主制に近い。

しかしより詳しく見ると、アリストテレスが一二五九a―bにおいて、家における支配形態を三つにわけていることがわかる。第一は、主人の奴隷に対する支配、第二は、父の子に対する支配、第三は夫の妻に対する支配である。第二の支配形態は、王の臣下に対する支配のようであり、第三の支配は、《政治家的支配》に類似しているとアリストテレスは述べている。しかし、《政治家的支配》は、支配するものと支配されるものが順次交代するものであるが、夫と妻との関係においては、夫と妻が交替で支配することは想定されていないので、《政治家的支配》そのものとは言えないであろう。彼は、「男性は女性よりも指導的である。」（一二五九b）と述べているからである。また彼は、別の個所で、「男性と女性との関係について見ると、前者は《自然》によって優れたもので、後者は劣ったものである。また前者は支配する者で、後者は支配される者である。」（一二五四b）と述べているので、これは、《自然本性的な》違いを前提としている。

当時、公的・政治的領域から排除されているものとしては、婦女子以外に《奴隷》や《在留外国人》（メトイコイ、μέτοικι）が存在した。ペリクレスの時代には一〇万人の奴隷がおり、プラトンやアリストテレスも奴隷の存在を認めていた。奴隷にはいくつかの種類があり、戦争で捕虜になった戦争奴隷、借金を返せなくて奴隷になった債務奴隷がいる。またトラキア、小アジア、エジプトから労働力として輸入され、売買された商品奴隷もいた。アリストテレスは、「奴隷の自然（ピュシス）とは何か」と問い、奴隷が主人に隷属することに対して、「生まれる早々から或る場合には相違があって、或るものは支配されるように出来ており、また或るものは支配するようにできている。」（一二五四b）と奴隷制を正当化している。

しかし私達は、アリストテレスが二種類の奴隷（一二五五ａ）について語っていることを看過してはならない。つまり《自然による奴隷》と《法による奴隷》である。戦争奴隷や債務奴隷といった人々が《法による奴隷》であり、こういう奴隷は当然《解放》され、《自由人》になることが望ましいのである。

また《在留外国人》は外国からやってきて主に商業に従事したり、専門的な技術を持っている者たちであり、プロタゴラスやトラシュマコスといった多くのソフィストは《在留外国人》であった。《在留外国人》はアテナイにおいては、参政権と不動産取得権がなく、軍務や公共奉仕があり、それなりにアテナイ社会に奉仕することが求められた。

一つか多様性か

家とポリスの第三の相違点は、家では《一体性》が支配するのに対して、ポリスでは《多様性》が支配する点である。アリストテレスは、特に『政治学』第二巻において、プラトンの妻子や財産の共有を批判して、次のように述べている。

「ポリスは一つになることがある程度以上に進んでいけば、もはやポリスでさえないということになるのは明らかである。なぜならポリスはその《本性上》多数であって、より以上に一つになれば、ポリスはポリスたることを止めて家になるであろうし、家は人になるであろうから。というのも家はポリスに比して、より以上に一つであり、一人の人は家に比べて、より以上に一つであることができようから。したがって人はたといこのことをなすことができるにしても、なすべきではない。それはポリスを破壊することになるからである。そしてポリスはただ多数の人間からというばかりではなく、また種類の違った人間からできている。なぜならポリスはおなじような人間からできるのではないから。」（一二六一a）

ところで、日本においてstateは、《国家》と訳されてきた。しかし《国家》という語には、国が家の延長であるという家族的国家観が根底にある。日本古代の家族的国家観は、主人と女性や子供という命令・服従関係がそのまま天皇と国民との間に適用拡大してしまい、それが日本の国柄、つまり《国体》として固定化されてしまう。西洋政治思想史の本流は、家と政治的共同体を明確に区別しているが、例外的に《王権神授説》を説いたロバート・フィルマーの『家父長論』のように、家における族長の支配の延長線上に、政治共同体における国王権力の単独支配を弁証する議論が登場する。丸山眞男は、天皇制の家族的国家論とフィルマーの家父長制の類似性を指摘し、それらが「政治的主権は家父長の延長であり、国家は家族の拡大という説」、「臣民は君主の命に絶対服従する義務を持ち、これに違反する者は祖先に対する背反であると同時に、神意に対する反逆であるとする説」として批判した。家族的国家観は、アリストテレスの《主人的支配》の一適用事例である。

3．ポリスは国民国家ではない

近代国家は、一民族一国家という nation-state が原則である。しかしギリシャにはたくさんのポリスが存在していただけで、一民族一言語に基づく広域国家を形成しようとする動きは存在しなかった。ギリシャには、各ポリスを越えてギリシャ語を話す《言語共同体》が広がっていた。ギリシャ人にとって、《バルバロイ》（異民族）は、ギリシャ人以外のすべての人間を示し、明瞭なギリシャ語を話さず、ギリシャ人には《バルバル》といった雑音にしか聞こえない言葉を話す野蛮人であった。プラトンは、『国家』の中で、ギリシャ人同士の戦争は兄弟殺しの戦いであるが、ヘレネスと異民族との敵対は《自然なこと》であると述べ、同胞市民に「ギリシャ人たちが今日互いに行っていることをそのまま異民族に対して行うように」（四七一a―b）勧めている。またエウリピデス（前四八五―四〇六）は悲劇『アウリスのイピゲネイア』の中で、イピゲネイアに「ヘレネスがバルバロイを支配することがあっても、バルバロイがヘレネスを支配することなどなりませぬ。あちらは奴隷、こちらは自由な民です」と言わせている。

ギリシャ人がこのように文化や言語を共通にするという意識を有していたことは事実であるが、それではなぜ、政治的に統一された一つの《広域国家》形成に向かわなかったのであろうか。アリストテレスは、この点どのように考えていたのだろうか。この点に関するクロード・モネの発言は示唆的である。

「政治理論家や政治家たちがギリシャ人同士の協力を説くときも、彼等は、この協力がポリスの固い枠を打ち破ることができるものとは決して考えていない。多分唯一の例外はあるが、それとても確かなことではない。それはただ一つの国制によって統一されたギリシャは世界を支配するであろうという、アリストテレスの提出した仮説である（『政治学』一三二七ｂ）。アリストテレスは実のところ、この考えをとりあげることもなく、深く追求することもしなかった。そして彼の全著作は、彼が古典的ポリスの枠に執着していたことを明らかにしている。」（『ギリシャの政治思想』一一一―一一二頁）

なぜ、アリストテレスは《ポリス》にこだわったのか。それは、広域国家では、市民の積極的な政治参加は不可能であると彼が考えたからではないか。また彼は、政治共同体の形成に際して、言語や民族といったエスニックなものに頼るのではなく、市民の能動的な政治的実践に期待をよせていたのではないだろうか。

４．ポリスは祭祀共同体である

最後に私たちは、各ポリスが《祭祀共同体》であったという事実に目をむけてみよう。アテナイには、当時、最高神のゼウス、ヘラ（神々の中の女王）、アポロン（太陽の神）、アルテミス（月の神）、アテナ（知恵の女神）、アレス（戦争の神）、アプロディテ（愛の女神）、デルメル（農業の神）、ヘパイストス（建築の神）、ポセイドン（海の神）、ヘルメス（商業の神）、ヘスティア（かまどの女神）という一二の神々が存在した。オリンポスの山々が神々の住む場所であった。アテナイの守護神は、知恵と戦争の女神である女神アテナであった。

ポリスが祭祀共同体であることを強調したのは、『古代都市』（一八六四年）を書いたフランスの古代史の泰斗クーランジェ（一八三〇—一八八九）であった。彼は次のように言っている。

「古代にあっては、あらゆる社会の紐帯をなしたものが祭祀であったことをみすごしてはならない。家族の祭壇が一家の人々をその周囲に結合させたように、都市は同じ守護神を持ち、同じ祭壇に向かって宗教的儀式を行う人々の集団であった。——市民一般の祭祀もまた他国人から隠されていた。市民でなければ、だれも犠牲奉献の式に列席できなかった。他国人が一瞥を加えてさえ、その宗教的儀式はけがされるのであった。」（『古代都市』二一五頁）

市民の義務としては、防衛の義務、統治、立法、裁判といった政治への参加の義務、そして神々の祭祀を行う義務があった。神々への犠牲奉献を行わない人は、《無神論者》としてポリスから追放されても然るべきなのである。私たちはソクラテスの死刑判決の訴状が、「ソクラテスは、国家の定める神々を認めず、ほかの新しいダイモニアを導入し、また青年を腐敗させたことにより、罪を犯した。告発者は死刑を要求する。」というものであったことを、忘れてはならない。またプロタゴラスは神々の存在を疑う書物を書いたので、アテナイから追放された。またプラトンは『法律』の中で《無神論者》を批判して、神々にいけにえを捧げる義務を強調している。アリストテレスは、アテナイで瀆神のかどを以て告訴され、訴訟の危険を避けるためにアテナイを離れたのである。

五　民主制に対する評価

国制の分類の基準

アリストテレスの『政治学』において国家体制を分類する一つの基準は、それが全体の利益を目指すか、自己利益を目指すかである。共通の利益を目指す政治は自由人の結合体を可能にするが、自己利益を目指す政治は、支配者と奴隷の関係を再生産することとなる。アリストテレスは次のように言っている。

「公共の利益をあくまでも考える国制こそは、まさしく絶対的な正義の基準にかなった正しい国制であり、これに反して支配者自身の利益のみをおもんぱかる国制はすべて間違った国制で、正し

い国制から逸脱して邪道にそれた体制である。」（一二七九ａ）

国制を分類するもう一つの基準は、支配者の数である。つまり、一人の支配か、少数者の支配か、多数の支配かである。彼の国家体制論を表で示せば、下図の通りである。

アリストテレスにとって、《善き体制》とは、共通の利益に配慮する国家体制であり、その中で一人の支配が《王政》（バシレイアー）、最も優秀で最善な人々の支配が《貴族制》（アリストクラティアー）、そして、多数の人々の統治が《ポリティア》である。アリストテレスにとって理想的な国家形態は、この《ポリティア》（πολιτεία）であり、それは、経済・社会学的に見れば中産階級による支配である。

「かくして最上のポリスは、中産の公民たちによって作られる。それは中産のものが加わることによって他の両極端のどちらかが優位を占めるのを妨げるからである。公民が適度なかつ十分な財産を持つポリスの幸運は、大きい。というのはある者が多くを持ち、他の者が何物ももたぬところでは、極端な民主政治か純

	全体の利益	自己の利益
一人	王政	僭主制
少数者	貴族制（優秀な人）	寡頭制（裕福な人）
多数者	ポリティア（中産階級、徳を持つ人）	民主制（貧しい人々）

粋な寡頭政治かが起こり、あるいは僭主政治がどちらかの極端から成長するが、中間的なほぼ平等な条件からは起こりそうもないからである。」（一二九五b―一二九六a）

アリストテレスにとって《悪い体制》とは、為政者が自己の利益を追求する体制であり、その中で最悪の体制が、《僭主制》（テュラニス）であり、これは、僭主が政治的な共同体を《主人的支配》のごとく統治する体制である。次に悪いのが《寡頭制》（オリガルキア）であり、これは、少数の富める者が、自らの利益を求める体制である。そしてそれに続くのが、《民主制》（デモクラティア δημοκρατία）であり、多数の貧民が支配し、自らの利益を追求する体制である。《寡頭制》と《民主制》は、階級対立的側面を有しており、民主制は富める財産階級に対抗して生まれた無産階級の支配であるといっても過言ではない。

《ポリティア》への賛同

アリストテレスは、《民主制》の支配は、《衆愚政治》をもたらすと考え、多数の人が統治する《ポリティア》を支持し、一人の人による政治よりもより多数者による政治が権力の腐敗を防止できると主張する。私たちはそうした彼の主張の中に、プラトンとは全く異なる権力観を見てとることができる。プラトンは、知的・道徳的に優れた人が支配する《哲人王》を支持し、《哲人王》が堕落し、権力を乱用する危険性を認めなかったが、アリストテレスは、多数者の討論の中から生み出される決定に合理性を見出し、多数は一人よりも腐敗しにくいと考えた。

「一人の最良の人が統治すべきであろうか、それとも市民のすべてが統治すべきであろうか。たしかに現に彼らが集合して、裁判をし、審議し、そして決定を下しており、そしてこの決定はすべて個別的な事柄である。たしかに彼らのうち個々人をとって比較すれば、おそらく誰でも最善の人より劣っているであろう。しかし、ポリスは多数者から構成されているのであり、皆がもちよった宴会のご馳走が一人の単純なそれよりも立派であるように、大衆は一人のすぐれた者よりも優れている。それゆえ大衆は、どんなに優れた人よりも、多くの場合すぐれた判断を下す。さらに大衆の方が堕落しにくいものである。多くの水が腐敗しにくいように、大衆のほうが少数者よりもよりいっそう腐敗しにくい。また一人であれば、怒りやその他のそのような感情によって打ち負かされる時には、その判断は腐敗せざるをえないのであるが、他方の場合にあってはすべての人が同時に激情にかられて過ちを犯すというようなことはほとんどありえない。ただそれは、大衆が自由人であって、――法に反することは何事もなさないものたちと仮定しなければならない。」（一二八六a、傍点筆者）

またアリストテレスは、『アテナイ人の国制』においても、民衆が万事において主人となり、民会の決議権、裁判所の裁判権、評議会の権限を持っていることを《正当》であると評価し、その理由として、「少数者は多数者よりも利益や好意によって腐敗しやすい。」と指摘している。上述した引用からも明らかなように、アリストテレスの《ポリティア》は、法に従って統治される体制であり、プラトンが民主制の特徴として描き出した《放縦》や《悪平等》を奨励するものではなかった。法に基づかない多数支配は《アナーキー》に至り、そこから《僭主制》を生み出すが、法に基づく多数支配が行われる所では、「民衆指導者は発生せず、そこでは市民の最良の人々が最高の地位についている」のである（一二九二a）。

アテナイにおけるデマゴーグの登場は、前四二九年のペリクレスの死から始まり、民主制の衰退をもたらしていく。アリストテレスは《ポリティア》の特徴を自由（エレウテリア ἐλευθερία）に求め、「自由の一つは、順番に支配されることである」とした。《ポリティア》の特徴は、治者と被治者の《同一性》にあるのである。

総じて、アリストテレスの理想国家は、様々な国制のそれぞれの長所を持ち、中産階級が多数を占め、良い意味での《民主制》に傾いた国家体制であった。クロード・モセは、アリストテレスについて次のように述べている。

「アリストテレスは、民主制の基礎となっている原則を容認するが、ただ、民主制がその舞台となっている富裕者と貧民の対立に終止符を打つこと、民主制が同時代のアテナイにおけるような《貧者たちの統治》に化するのを阻止することを本来の目的とするいくつかの修正を取り入れることを条件としている。」（『ギリシアの政治思想』八一頁）

このように、プラトンが民主制を鋭く攻撃したのに対して、アリストテレスは真の民主制（アリストテレスの言葉を持ちいれば、ポリティア）に対して好意的であったといえよう。プラトンが民主制をポリスを解体するものとみなし、民主制を否定することによって、ポリスを再興しようとしたのに対して、アリストテレスは、ポリスの再興を、《ポリティア》、つまり有徳な多数の市民による法の支配に期待したのである。しかし、アリストテレスによるポリスの再興の試みは、まさにポリスが《帝国》にとってかわられる時代における遅すぎた理論的試みに他ならなかった。ミネルヴァのふくろうは、夕暮れに飛び立つのである。

アテナイの民主制

ところで、アリストテレスは、どの程度までの政治参加を考えていたのであろうか？　ギリシャ人はポリスを《自由と自治》と呼ぶ。つまり、市民がポリスの法を制定し、運用し、ポリスの官職者を選ぶ。アリストテレスの『政治学』によれば、市民であることは「統治と裁判への参加」（一二七五a）を意味する。市民とは、審議の役か、もしくは裁判の役に与る権利を有する者である。常備軍、官僚機構、警察は存在しない。また王宮、宮殿は存在しない。徴兵制についてクーランジュは、『古代都市』の中で、「ローマでは四六歳まで、アテナイとスパルタでは終身兵役の義務があった」と述べている。彼らは、重装歩兵で、規律のとれた密集戦術を展開し、兜、鎧、楯、槍を持ち、重装歩兵だけが市民権を持ちえた。

アリストテレスは、『政治学』において「民主制にあっては、最高の権威を担うのは、国の防衛にあたる者たちであり、武器を所有する者がその国政の担当者なのである。」（一二七九b）と述べている。民主制が全盛期であったペリクレスの時代における立法、行政、司法は、市民の直接参加によって行われた。まさしく、治者と被治者の同一性という民主主義の理想が実現していたのである。

第一に、立法機関である民会（エクレシア）は、市民によって構成され、年に四〇回招集された。アテナイ人の両親を持つ一八歳以上の男子が参加資格を持ち、法案を討論し、採決を行った。実際に出席したのは、市民の八分の一程度であった。第二に、行政機関である五〇〇人評議会は、三〇歳以上の市民の中から選ばれ、法案の提出と民会の議題設定を行うと同時に、対外政策や市の行政に関与した。行政は一〇部門に分けられ、行政官は一年任期で交代し、籤で選ばれた。第三に、民衆法廷は六〇〇〇人の陪審員によって構成され、彼らは三〇歳以上の候補の中から籤で選出された。アリストテレスにとっての市民の政治参加は、民会と陪審裁判への参加、つまり《裁判と審議》への参加であり、行政官に関しては籤ではなく、その職や地位にふさわしい有徳な人が選ばれるべきというものであった。ルソーが

『社会契約論』で明らかにしているように、そもそも古典古代における民主制は行政を担当する人々を基準にしたものであったが、その意味における民主制に対しては、アリストテレスは批判的であった。彼が行政職を特定のすぐれた人々に配分することから、クロード・モセは「アリストテレスの民主制は、寡頭制に近づいている」とコメントしている。

六　正義と友愛の伝統

アリストテレスにとって、ポリスを支える二つの柱は、《正義》と《友愛》（フィリア、φιλία）である。《正義》は、市民が守るべきルールであるが、ポリスにいのちを吹き込むのは、《友愛》なのである。

正義概念の定義

ギリシャ語で《正義》は、ディカイオシネー（δικαιοσύνη）であり、法は、ディケー（δίκη）でもともとギリシャの女神であった。ここから《正義》と《法》が密接な関係にあることがわかる。《正義》という言葉が西洋で始めて使用された事例は、前八世紀のヘシオドスの「人間にはゼウスが正義を賜った。これに勝ってよきものはない。」という言葉である。ラテン語で《法》とは、ユスティティア（justitia）であり、やはりローマの女神の名前である。《正義》に対する一般的な定義は、ローマ法学者ウルピアヌス（一七〇―一二二八）の「各人を各人のものに与える」という言葉であり、これは「等しいもの同士を平等に、等しくない者同士を不平等に」取り扱い、「各人に彼の正当な持分を与えること」を意味した。アリストテレスは、『政治学』第三巻第九章において、《正義》とはポリスのめざす善で公共の利益であると述べている。しかしアリストテレスが《正義》について本格的に論じているのは、『ニコマコス倫理学』の第五巻である。

一般的正義

まず彼は、一般的正義について記している（一一二一a―b）。一般的正義とは、法にかなっていることである。したがって、不正な人とは、《違法な人》であり、「過多をむさぼりがちな不均等的な人」である。また正しい人とは、《適法な人》であり、「均等を旨とする人」である。法は、万人の共通利益を目指しているので、政治的共同体にとって必要不可欠である。次に彼は、特殊的正義について書き記している。

特殊的正義（1）――規制的正義と交換的正義

交換的正義は、市民相互の関係にあてはまり、交換されるものが相互に等しいこと、不当な利得と不当な損失を矯正し、均等さを回復させることを意味する。また規制的正義は、刑法の応報原理に対応し、裁判官は、加害者が被害者に加えた犯罪の程度に相当する刑罰を加害者に加える。まさに「目には目を、歯には歯を」という応報原理が実現されるのである。規制的正義も交換的正義も刑罰や交換が《等しいもの》であることを前提としており、これは《算術的平等》にあたる。

特殊的正義（2）――配分的正義

これは、共同体と市民に関わる配分の正しさであり、共同的な事物の配分に関する正義である。例えば、共同体が地位、名誉、官職、権利、財を市民に配分する場合は、配分に与る市民の価値に比例して行われるという原理であり、《比例的平等》を意味する。これは、《各人に各人のものを》という言葉によって示される正義概念である。

例えば、アリストテレスが理想とする《ポリティア》において、すべての住民に市民権が付与されるかどうかというとそうではない。人間であるからという理由ですべての人に権利を認める自然権思想は《配分的正義》にはなじまない。自由人の共同体であるポリスにおいて、奴隷や居留外国人、そして女性は審議や裁判など政治への参加は拒否されていた。

また市民権を有する《自由人》の間でも異なった取り扱いが必要である。アリストテレスは、民会や民衆裁判所の参加者や陪審員は、市民であれば誰でもなれると考えたが、財務官や軍事司令官といった国家枢要の要職は、財産資格が高く、徳を有する人々でなければならないと考えた。したがってすでに述べたように、アリストテレスにとって理想的な国制は、民主制的要素と卓越した徳を有するという意味での貴族的要素が混合した《混合体制》であった。

官職、名誉、財などの配分の基準は国制が異なれば異なる。例えば、貴族制は、徳を有する人々が立法、行政、司法を独占する少数者支配を生み出す。卓越した徳を有する人だけが政治の担い手になるということであれば、少数者支配は必然である。

《貴族制》の堕落形態である《寡頭制》は、官職や地位を富や財産を持っている人に配分する体制であり、統治への関与の基準が財産評価に求められる。もし居留外国人が財産を有するならば、彼らも統治に参加する資格を得ることとなる。もちろん《寡頭制》は、少数の裕福な者が支配することが本当に正しいのか、そうした支配は貧しい者の所有物を強奪したり没収したりするのではないかという批判に晒され、多数の貧乏なものに少数の裕福者の財産を分配する民主制が生まれることとなる。しかし、アリストテレスにとって、《寡頭制》も《民主制》も財産の保持が基準とされており、徳が無視されているので、あくまでも堕落した国制なのである。

友愛（フィリア）

ここではアリストテレスの友愛概念について触れることとする。アリストテレスは、『ニコマコス倫理学』の中でポリスの存続にとって必要な正義と友愛（フィリア φιλία）の関係について、次のように述べている。

《友愛》（フィリア）というものは、国内を結ぶ紐帯の役割を果たすもののごとくであり、立法者たちの関心も正義よりも《友愛》に存する。すなわち《協和》（ホモノイア ὁμόνοια）ということはフィリアにあるもののように思われるが、立法者たちの希求するところは何よりもこの協和であり、排除しようとするところのものは、何よりも協和の敵たる内部分裂に他ならない。事実、もし人々が互いに親愛的であれば、何ら正義なるものを要しないのである。逆に、しかし、彼らが正しき人であるにしても、そこにやはりなお《友愛》を必要とする。」（一一五五a）

ここでは、正義と《友愛》との関係に関して、《友愛》があればそこに調和があり、正義は必要ないが、正義があったとしても、《友愛》は欠かせないといっている。しかし、アリストテレスは文字通り正義が不必要であると考えたわけではない。正義は各人がどのように行動すべきかをさし示すルールであり、正義がなくなれば、混乱とアナーキーが生まれる。しかし、正義が満たされたとしても、人と人との絆は結ばれるわけではない。ネオ・トミストのジャック・マリタン（一八八二―一九七三）が述べるように、「正義は政治社会存立のための第一の条件であるが、《友愛》はそれに命を与える形式」であるという方が正確であろう。

ここで、アリストテレスの『ニコマコス倫理学』第八、九巻の中からアリストテレスの《友愛》概念の特質を説明しよう。

友愛――生をともにする

第一に、《友愛》は、生をともにするものである。もし共にすることがなければ友愛はない。つまり、孤独には友愛はないのである。彼は、「生を共にするということほど、親愛なあいだがらを示す明らかな証左は存在しないのである。」（一一五七b）と述べている。マリタンは『人間と国家』の中で、「共に生きるということは、物理的な意味においてある人と一緒に生活することを意味しない。……それは、彼と一つになり、彼の重荷を担い、彼と共通の道徳的生活を送り、彼とともに感じ、彼とともに苦しむことを意味する。」と述べている。ポリスにおいて問題なのは、市民相互の《市民的友愛》であって、単なる私的な友愛ではない。

友愛――平等な人々の間

第二に、アリストテレスは、《友愛》の関係として、友達の愛情のみならず、夫と妻の愛、父と子の愛、様々な私的団体に属している人々の間の仲間意識、おなじ都市の市民、ポリスの市民同士の関係を挙げている。しかし一般的にお互いが平等な関係であればあるほど、《友愛》が成立する可能性が高い。専制には、《友愛》は存在しない。また家の主人と奴隷との間には、《友愛》はない。《友愛》は、友人である人々の間に一定程度の平等を必要とする。平等は《友愛》にとって完全である必要はないが、もし不平等が大きいならば、《友愛》は不可能となる。《友愛》が平等な人々の間に成立するとするならば、《友愛》が発揮される政治形態は民主制であろう。

「僭主制においては、《友愛》も正義も僅かな限度にしか及ばないが、民主制においてはもっと大きい程度にまで及ぶ。けだしここでは、人々が均等な人々であるがゆえに、お互いを通じる共同的なものも多いのだからである。」（一一六一b）

友愛——徳に基づくもの

アリストテスに先立ってプラトンも《友愛》について論じ、無制限な欲望を追求する者は、「誰とも共同できず」、「共同のないところに、友愛はありえない。」とソクラテスに主張させている（『ゴルギアス』五〇七E）。アリストテレスは、《友愛》の絆は利益に基づくものでもなければ、快楽に基づくものでもなく、ただ《徳》（アレテー ἀρετή）に基づくものであると主張する。利益や快楽に基づく関係は相手を自己の手段として利用するが、徳に基づく関係は、お互いをお互いの《徳》ゆえに結びつけるのである。政治共同体の絆は、《市民的徳》に基づく共通の審議や決定によって生み出される。「《市民的友愛》がなければ、いかなる人々も政治的共同体で共に生きることを選ぶことはしない。」徳に基づく《市民的友愛》が溢れている所、ポリスは完成に向かっているのである。

倫理的徳

周知の如く、アリストテレスは、『ニコマコス倫理学』の中で、徳を《知性的徳》と《倫理的徳》に分類した。《徳》とは、身体の徳ではなく、魂の徳である。またそれは、植物や動物の《徳》ではなく、人間の《徳》である。《知性的徳》は、《知恵》（ソフィア）や《知慮》（フロネーシス）に関わり、《倫理的徳》は、節制とか寛厚にかかわる。《倫理的徳》は習慣づけによって生じるものであり、《習慣》（エトス ἔθος）と《倫理的》（エーティケー）という言葉は、同じ語源から生じている。《習慣づけ》は、単なる機械的な動作の反復ではなく、《知慮》による意識的な選択の繰り返しなのである。

したがって、アリストテレスの《友愛概念》の分析のためには、『ニコマコス倫理学』の第二巻から第四巻の《倫理的徳》を考察する必要がある。市民の《倫理的徳》を形成することは、善き生活を送るために政治が行うべき課題であった。アリストテレスは、「われわれは、最高善が政治の目的とする所であるとなしたのであるが、政治とは市民たちを一定の性質の人間に、すなわち善き人間、うるわしきを行う人間につくるということに最大の心遣いをなすものだからである。」（一〇九九b）と述べている。政治家の最大の使命は、「市民たちをして善きひとたらしめ、法律に耳を傾ける人間たらしめることに

ある。」（一一〇二a）

有徳な市民になることは、いわば《自然》にわれわれのうちに生じてくるものではなく、《習慣》（エトス）によって形成すべきものである。

「このことからして、もろもろの倫理的な徳というものは、決して《本性的に》、自ずからわれわれのうちに生じてくるものではないことは明らかであろう。けだし、本性的に自ずから然るところのものは、およそいかなるものでも、それとは別の仕方に習慣づけられることのできないものである――」（一一〇三a）

ただし、この徳は、《本性に反して》、習慣づけられるのではない。《習慣づけ》の場合には、はじめから節制の人や勇敢な人が存在するのではなく、節制を行い、勇敢な行為を繰り返すことによって、節制の人や勇敢な人が形成されてくるのである。アリストテレスはこの点に関して、《状態》（ヘクシス）は《活動》（エネルゲイア）から生じると述べている。

中庸

ところで、倫理的徳の目的とするところは、《超過》と《不足》の《中庸》である。例えば、あらゆるものを逃避しあらゆるものを恐怖して何事にも耐えない人は《怯儒》となり、いかなるものにも恐れず、進んでいく人は《無謀》であるが、その《中庸》が《勇気》である。また、あらゆる快楽を享受し、慎みを知らない人は《放埒》であり、あらゆる快楽を避ける人は《無感覚》な人であるが、その《中庸》は《節制》である。他にも、《放漫》と《けち》の中庸が《寛厚》、《派手》と《こまやかさ》の中庸が《豪華》であり、《倣慢》と《卑屈》の中庸が《矜持》、《怒りっぽさ》と《意気地なし》の中庸が《温和》といった具合である。倫理的徳の形成は、《知慮》による《選択》に基づくものである。

習慣づけ

その倫理的徳の《習慣づけ》の役割をになうのが、立法者であった。市民が立法者によって《善き徳》に習慣づけられるか、それとも《悪徳》に習慣づけられるかは、ポリス形成にとって重要な問題である。

「立法者は、習慣づけによって市民たちをして善たらしめるのであり、いかなる立法者といえどもその欲するところはここにある。それを立派にやれない立法者であればそれはおよそ失敗なのであって、善き国制と劣悪なそれとの差異はそこに存している。」（一一〇三b）

その意味においていかなる法律を制定するかは、《習慣づけ》にとって重要であった。立法によって、

《習慣づけ》に成功し、有徳な市民を形造ることこそ立法者の使命であった。

現代における友愛の伝統の復権

現代の《共同体主義者》は、自由主義の主観主義や自己中心的傾向に対して、アリストテレスの《友愛》概念に注目する。例えば、マッキンタイアは、『美徳なき時代』において、ポリスの絆であるアリストテレスの友愛概念に着目し、友愛が「善への共通の忠誠と、善の共同の追求に基づいて規定された人間関係のうちで生じてくるもの」と述べている。またロバート・ベラー『心の習慣』においても、「道徳的コミットメントの共有」を説くアリストテレスの友愛概念に着目して、個人主義による共同体の解体を防止する歯止めとして高く評価している。またネオ・トミストのジャック・マリタンも《友愛》が共同体形成において果たす役割を強調した。

〔参考文献〕

＊アリストテレスの著作
『政治学』（岩波文庫、一九七二年）
『世界の名著8　アリストテレス』（田中美知太郎責任編集、中央公論新社、一九九二年）〔『政治学』『詩学』『形而上学』『エウデモス倫理学』の抄訳所収〕
『アテナイ人の国制』（村川堅太郎訳、岩波文庫、一九九二年）

『ニコマコス倫理学』（上・下）（岩波文庫、一九九九年）
『ニコマコス倫理学』（京都大学学術出版会、二〇〇二年）
『政治学』（牛田徳子訳、京都大学学術出版会、二〇〇七年）
『形而上学』（上・下）（出隆訳、岩波文庫、二〇〇九年）
『アリストテレス全集』（全一七巻）（岩波書店、一九六八―一九七三年）（第一五巻は『政治学』、第一三巻は『ニコマコス倫理学』、第一二巻は『形而上学』、第一七巻『アテナイ人の国制度』所収）

＊アリストテレスの入門書
荒木勝『アリストテレス政治哲学の重層性』（創文社、二〇一一年）
今道友信『アリストテレス』（講談社学術文庫、二〇〇四年）
岩田靖夫『アリストテレスの倫理思想』（岩波書店、一九八五年）
岩田靖夫『アリストテレスの政治思想』（岩波書店、二〇一〇年）
堀田彰『アリストテレス』（清水書院、一九九一年）
山口義久『アリストテレス入門』（ちくま新書、二〇〇一年）
山本光雄『アリストテレス』（岩波新書、二〇一〇年）

＊ギリシャの政治思想一般
合阪學『ギリシア・ポリスの国家理念』（創文社、一九八六年）
F・ド・クーランジュ『古代都市』（白水社、一九九七年）
佐々木毅『よみがえる古代思想』（講談社、二〇〇三年）
トゥキュディデス『歴史』（一・二）（京都大学学術出版会、一巻二〇〇〇年、二巻二〇〇三年）
C・モセ『ギリシアの政治思想』（福島保夫訳、白水社、一九九二年）

＊その他の文献

H・アレント『人間の条件』（ちくま学芸文庫、一九九四年）
ロバート・ベラー『心の習慣』（島薗進・沖村圭志訳、みすず書房、一九九三年）
J・マリタン『人間と国家』（久保正幡・稲垣良典訳、創文社、一九六二年）
丸山眞男「ジョン・ロックと近代政治原理」（『丸山眞男集』第四巻〔岩波書店、二〇〇三年〕所収）

第七講　ヘレニズム時代の政治思想

ギリシャのポリスにおける《正義》や《友愛》は、ポリスを前提としていた。このポリスが崩壊していく時に、人々の心は《公的世界》から《私的世界》へと向けられ、《公的な幸福》ではなく、《私的な幸福》が説かれることになる。ポリス崩壊という政治的・精神的状況の中で、サモア島出身のエピクロス（前三四一—二七一）は前三〇六年にアテナイにエピクロス学派を創設し、死の恐怖をまぬがれた《魂の平静》（アタラキシア）を説き、数年後にキプロス島の出身であるゼノン（前三三五—二六三）は《自然との一致》を説き、ストア学派を創設した。

ヘレニズム時代とは、前四世紀後半のアレクサンドロス大王（治世前三三六—三二三）の東征からローマによる地中海世界の統一の三〇〇年の時代を言う。大王を中心とする集権的秩序が進行する中で、ポリスにおける市民の政治的自由は失われた。こうして、ポリスの崩壊により、一方において個人の《内面性》への没入が生まれ、他方において民族やポリスを越えた《コスモポリタニズム》への道が開かれた。たしかに、ヘレニズムの思想は、《非政治的》である。しかし、ヘレニズムの思想が《個人の内面性》

を豊かにし、民族やポリスを越えた生の空間を指し示したことは、西洋政治思想に多大な貢献を行ったことを忘れてはならない。

キュニコス学派

キュニコス学派は、ポリスから解放された個人の禁欲、質素、自足を強調し、非政治、反文明の主張で知られている。この派の代表的存在であるシノペのディオゲネス（前四一二―三二三）は、政治的自由を喪失した時代に、自らが帰属できる場所を見出しえない時代において、人間がとりうる精神的類型を現わしている。このディオゲネスの時代はアテナイのポリスが崩壊し、アレクサンドロスのマケドニア帝国が樹立されようとする前四世紀後半であった。彼は、アレクサンドロス大王に対して、「お前が前に立っているので日陰になる。どいてもらいたい」と言ったと伝えられている人物である。ちなみに、《キュニコス》という言葉から、《シニシズム》という言葉が生まれた。

エピクロス学派

エピクロス学者のエピクロス（前三四二―二七一）はギリシャの植民都市サモス島の出身であり、三五歳の時にアテナイで一つの学派を形成した。エピクロスのモットーは、《魂の平静》（アタラクシア）である。《正しい》や《不正》といった概念もここから定義される。彼は、「正しい人は、最も平静な境地にある。これに反し、不正な人は極度の動揺に満ちている。」と述べている。

彼はデモクリトスの原子論と唯物論の立場に依拠し、《魂の不死》と《死後の裁き》を否定した。死後の世界と裁きがあることは、彼にとっては《魂の平静》を脅かすものであった。「永遠に続くような恐ろしいものはなく、また長い間続く恐ろしいものはない。」世界の一切の生成は、アトムの離合集散である。《神々》が禍いを下し、人間世界に介入し、恐怖を与えると想定することは、《臆見》である。彼はプラトンの《造物主》（デミウルゴス）や《摂理》の概念にも反対した。その上で彼は、快楽を追求し、苦痛を避けることを幸福と考えた。ただし彼の考える快楽は、物質的快楽ではなく、精神的快楽であり、特に《友情》であった。彼は、「全生涯の祝福を得るために知恵が手に入れるものどものうち、《友情》の所有こそがわけても最大のものである。」と、その思いを吐露している。賢者は、「日常の些事や国事の牢獄から自らを解放すべきである。」とする彼の言葉は有名である。《隠れて生きよ》が彼のモットーであった。

彼は正義そのものが自然的に存在することを否定する。正義とは、一種の《契約》である。「正義は、それ自体で存在するものではない。それはむしろ、いつどんな場所でにせよ、人間の相互的な交通のさいに、互いに加害したり加害されたりしないことに関して結ばれる一種の《契約》である。」こうした正義観は、プラトンの『国家』に登場するグラウコンの見解であり、また近代のTh・ホッブズの考えでもある。

ストア派

ストア派は、紀元前四世紀から三世紀にわたって、ギリシャ、ローマにおいて多くの信奉者を産み出した。ストア派は、初期ストア（前三一二世紀後半で、ゼノン（前三三四―二六二）やクレアンテス（前三三一―二三二）、クリュシッポス（前二八一―二〇六）が活躍した時代）、中期ストア（前二世紀後半からローマ共和制末期）そして後期ストアのセネカ（前四―六五）やエピクテトス（五五―一三五）、マルクス・アウレリウス（一二一―一八〇）が活躍した時代に区分することができる。

ストア派の創始者ゼノンは、キプロス島のキティオンで生まれ、二二歳頃にアテナイに来て、キュニコス学派のクラテスの弟子となった。その後アカデメイアでの勉学を経て、ヘパイストス神殿の近くの《柱廊》（ストア）で講義を始めた。ストア派の始まりである。ゼノンには『国家』以外にもたくさんの著書があるが、断片しか残っていない。

ゼノンは、哲学を自然学、倫理学、論理学の三分野に区分した。ストア派によると宇宙万有の原理は、質料（ヒューレ）とロゴス（理性、形成原理）によって構成されており、ロゴスは永遠であり、質料全体にいきわたりながら、個々の事物を動かし、保持している。彼にとって宇宙全体は、魂を持ち、理性をそなえた生き物であり、《汎神論的》であった。

ストア派の倫理学の理想は、人間の理性が、神の理性が支配する《自然と一致する》ことであった。ストア派が言う《魂の平静》（アパティア）は、自己保存の衝動を理性によって統御し、自らの理性によって認識したコスモスの必然性によって生きる、つまり、《自然と一致して生きる》ことから生まれてくる。人間の理性は、宇宙万有の自然、万物にいきわたっている正しい理法（logos）の一部分である。ストア派にとって《賢者》、つまり有徳な者とは自然、理性、神に従う者を意味する。

ストア派によれば、正義はエピクロスの言うように人為や契約の産物ではなく、《自然》（ピュシス）に根拠づけられたものである。また彼らは、最善の国制とは、王制、貴族制、民主制の混合形態であると述べている。政治思想において重要なのは、神の理性によって秩序付けられた《コスモス》を主張する《コスモポリタニズム》が初めて登場してくる点である。ストア派の《コスモポリタニズム》も、ポリスが崩壊し、帰属する場を喪失したことから来る結果であった。エピクロス派の場合は生の個人、ストア派の場合は、抽象的な世界市民ないし人類が、ポリスの具体的な《市民》に代わって登場してくることとなる。ヘレニズム時代の倫理学はアリストテレスのようにポリスの学としての政治学に不可欠な倫理学ではなく、エピクロスのようにアトム的個人の倫理学か、ストア派のように普遍的な抽象的理性の倫理学であった。

ストア派は、人間が理性を所有している点では平等と考えたので、生まれながらにして自然的に奴隷として生まれてきている人はいないとして、自由人‐奴隷の区別を少なくとも理論の上では撤廃したのである。

後のキリスト教との関係で触れておかなければならないのは、ストア派の人々は、善き人、そして《賢者》は、神々を敬い、神々に対して犠牲をささげる人々であると考えたことである。神々に香をたかず、犠牲をささげない《無神の徒》は劣悪な人々とされている。ストア派の理論と伝統的な神々への信仰は矛盾しないものとされた。後期ストア派のマルクス・アウレリウスが、ローマの神々を礼拝しないキリスト教徒を迫害したことは良く知られている。

〔参考文献〕
＊エピクロスやストア学派の著作
『初期ストア断片集』第一―五巻（京都大学学術出版会、第一巻二〇〇〇年、第二・三巻二〇〇二年、第四巻二〇〇五年、第五巻二〇〇六年）〔第一巻はゼノンとその弟子の、第二―五巻はクリュシッポスの断片集〕
岩崎胤『ヘレニズムの思想家』（講談社学術文庫、二〇〇七年）〔エピクロスの『ヘロドトス宛の手紙』『メノイケウス宛の著作』『主要教説』所収〕
＊ヘレニズム哲学に関する文献
山川偉也『哲学者ディオゲネス――世界市民の群像』（講談社学術文庫、二〇〇八年）
山本光雄『ギリシャ・ローマ哲学者物語』（講談社学術文庫、二〇〇三年）
A・A・ロング『ヘレニズム哲学』（金子弥平訳、京都大学学術出版会、二〇〇三年）

第八講　キケロの政治思想

一　キケロのプロフィール

キケロは、ローマの南東約一〇〇キロほどの所に位置するアルピーヌムという町に前一〇六年に生まれた。彼は、若い頃ローマやギリシャに遊学してストア派の哲学を学ぶほか、弁論、修辞学を修め、さらにローマ法の発展に重要な役割を果たしたスカエウォラのもとで法律を研究した。ストア派の思想を摂取し、法廷弁護士としての名声を確立し、元老院議員も務めた。前六三年に執政官に就任した。前六〇年、ポンペイウス、クラックス、カエサルの三頭政治が始まり、翌年にカエサルは執政官に就任した。前四四年にカエサルは、終身の独裁官に就任したが、マルクス・ブルートゥスやカッシウス（二人は当時法務官）によって殺害された。キケロも共和制を守るため、この暗殺を支持した。ブルートゥスはキケロの友人であった。アントニウスは、キケロをカエサル暗殺の精神的首謀者と呼んだ。前四三年一二月にキケロはアントニウスの手下に殺害される。カエサルは君主制と専制のシンボルとなり、キケロは共和制のシンボルとなった。

本書で扱うキケロの著作は、『法律』（De Legibus）（前五二年）、『国家』（De Re Publica）（前五一年）、『善と悪の究極について』（De Finibus Bonorum et Malorum）（前四五年）、『義務論』（De Offices）（前四四年）である。

以下、キケロの思想を、共和主義、自然法思想、コスモポリタニズムの順に見ていくが、その前にキケロの政治思想を理解するためにも、古代ローマの政治制度を一瞥しておくことにする。

二　古代ローマの政治制度

前五〇九年に、ローマは共和制国家となり、前三六七年には、「リキニウス法」によって、すべての公職が平民に開放された、前二八七年に、「ホルテンシウス法」が作られ、平民だけの市民集会だけで法律を決議できるようになった。また平民によって選ばれる一〇人の護民官の権限が拡大し、護民官は、法律を発議する権利と拒否権を持つようになった。ローマでは、徴兵制が採用され、財産を所有する男性市民に兵役の義務が課せられた。共和制ローマは、執政官（Consul）、元老院（Senatus）、そして民会（Curia）によって構成された《混合政体》であった。執政官は、一年の任期で二人が就任、元老院から選出された。王に代わる国政と軍事の最高責任者であり、執政官に選ばれるには、財務官と法務官という二つの要職を経験していることが必要であった。また。元老院は、貴族たちを主体とする三〇歳以上の男性であり、終身制であった。属州総督はじめ、ローマの重要な公職のほとんどは、元老院議員の中から選ばれていた。最後に民会は、全市民が参加する集会であった。

ローマの共和制は、民主制というよりは、元老院議員を中心とした寡頭制であった。前二世紀にローマがギリシャに対する支配権を確立した後、ギリシャの都市国家から連れてこられた捕虜の一人であるポリビオス（前二〇一―一二〇）は、『歴史』の中で、ローマの政治形態を、執政官、元老院、民会三者の《抑制と均衡》の体系として定式化した。《混合体制》こそ、専制政治を回避すると同時に、民主制・衆愚政治の到来を阻止し、国家の安定を保証するものであった。有徳者の一人支配→専制支配→貴族政→寡頭制→民主政→衆愚政→有徳者の一人支配といった政体の《循環》はただ《混合政体》によってのみ阻止しうるものであり、政治の安定をもたらしうるものであった。しかしこうした共和制ローマの《混合政体》は、カエサルの登場によって危機にさらされた。彼は前四四年に終身の独裁官に就任したが、ブルートゥスやカッシウスなど《共和制》の崩壊を憂える人々によって殺害された。徹底した共和主義者キケロもこの暗殺を支持したのである。

三　キケロの共和主義

『国家』の構成

キケロ研究者のハビヒトは、『政治家キケロ』の中で、次のように共和主義者としてのキケロについて書いている。

「一人の人物がただ一人で統治する場合、——どのような種類の統治であろうと、身の毛のよだつほど嫌っていたことについては、キケロは露ほどの疑いを残さなかった。もし役人が民衆から選ばれる代わりに一人の人物によって指名されたならば、またもし元老院に、支配者がそのように為されることを望んだことを承認するだけしか許されていないとしたら、ただ一人の人が陪審員の役割を引き受け、民衆の代わりに自ら判決を下したならば、その場合 res publica はありえなかったであろう。キケロは常に国制からのこういった逸脱をことごとく非難する点では首尾一貫していた。彼は、何度も、君主のもとでの生活は、生きるに値しないと表明していた。——キケロは、自分がそのために生き抜いた res publica が、没落の運命に身を委ねた時に、命を終えたのである。」（一四六—一四七頁）

キケロの共和制についての見解を、彼がキリキアの属州総督として、現実の政治に復帰する直前に書いた『国家』(前五一年)から見ておくことにしよう。この著作は、前一二九年にローマ近郊の小スキピオの邸宅で新旧両世代の識者八人が会して、理想的な国制について意見を交わすところから始まっている。全体は六巻(第三―六巻は失われた部分が大きい)によって構成されており、それぞれの巻の中心的内容は以下の通りである。

序　政治の重要性
第一巻　君主制と貴族制と民主制が繰り返されるポリビオス的《政体循環論》と、混合政体論が述べられている。
第二巻　実際の歴史に取材してローマの政体の歴史がスキピオによって語られる
第三巻　国制における正義の実現可能性について語られる
第四巻　ローマにおける教育の議論
第五巻　真の政治家の要件
第六巻　グラックスが引き起こした政治的危機に対する対応

小スキピオは、軍人としてカルタゴを攻略し、政治家として二度執政官に選ばれ、文化人としても活躍した名将である。本書において、大スキピオ(養祖父)が小スキピオに「国家に奉仕した者には、天下の永遠の至福の世界が用意され、私利私欲をすてて公けの福利のために身を捧げることが、選ばれて高貴な心を持つものの義務である」と語りかけ、政治や祖国への義務を説いている。ポリスが崩壊した後のヘレニズム思想では考えられない新展開である。キケロの共和制に対する熱情は、以下の言葉に如実に示されている。

「お前が res publica を守ることにいっそう熱心となるために、このように心得るがよい。祖国を守り、助け、興隆させた者すべてのために、天界において特定の場所が定められており、そこで彼らは至福の者として永遠の生を享受できると。というのは、全世界を支配する最高の神にとって、少なくとも地上で行われることで、法によって結ばれた、res publica と呼ばれる人間の結合と集合よりも気に入るものはないからである。」(六巻一三)

res publica 概念

ところで、キケロが命をかけて守ろうとした res publica とは一体何であろうか。ローマ時代では、ラテン語のレス・プブリカ (res publica) やソキエタス・キヴィリス (societas civilis) が国家を意味する言葉として用いられた。civitas は、ポリスのラテン語訳であり、市民の団体を意味し、res publica は、公共のものを意味した。societas civilis という言葉は、最初は、キケロによって用いられたが、ポリティケ・コイノニアのラテン語訳である。res publica や civitas は、支配と被支配との関係を示す言葉ではなく、自由で平等な人々によって構成される政治共同体であった。キケロの『国家』の原題は、De Re Publicaであり、彼はスキピオの言葉を借りて、「res publicaは、国民のもの（res populi）である。しかし国民とは、なんらかの方法で集められた人間のあらゆる集合ではなく、法についての合意と共通の利益によって結合された多数の人間の集団のことである。」（一巻三九）と定義している。キケロの場合、法についての合意は、また正義についての合意であり、正義のないres publicaは考えられないものであった。「一人の者の残虐な行為によって、すべての者が抑圧され、国民を作り上げる一本の法の絆、集合体の合意と結合が失われた時、その時だれがそれを国民のもの、すなわちres publicaと呼ぶことができようか。……だから僭主が存在する所では、およそいかなるres publicaも存在しないというべきである。」（三巻四三）また彼は、同じ『国家』の第一章において、自由で平等な政治共同体について、「あらゆるres publicaは、それを治める者の本性や意図と同じ様相を持つ。したがって自由は、国民の権限が最大である国を除いて、いかなる定住地をもたない。自由より甘美なものは何一つありえないし、またそれは公平でなければ、決して自由ではない。」（一巻四七）と述べている。このように、キケロにとって、res publicaは《国家》という訳語では言い尽くせない豊かな内容を有しており、それは、《政治共同体》であると同時に、自由な国制でもある。

以下、キケロのres publica概念の特徴を第一に専制政治批判、第二に混合体制、第三にパトリオテイズムに分けて検討してみよう。

Ⅰ　専制政治批判

キケロは、カエサルの暗殺後の前四四年に『義務論』を書き、カエサルを批判して「カエサルは、あらゆる神と人間の法を覆したが、それは彼が自らの妄想のうちに思い描いたあの元首の地位を獲得するためであった。」（『義務論』一巻二六）と述べている。

ローマ共和制にとって、法律とは市民の自由を守る砦であった。そして「市民による都市国家の本来的意義は、各人による財産保全の自由と不可侵を守ること」（『義務論』二巻七九）であった。僭主は、法を踏みにじり、自由を侵害しようとする。キケロは法律を踏みにじるカエサルを非難して、次のように述べている。

「いまここに、ローマ国民の王にして、あらゆる民族の君主となる欲望を抱き、それを成し遂げた男がいる。この男の欲望を立派であるというものがいれば、正気の沙汰ではない。なぜならそれは、法律と自由の死を意味し、これらを虐げるというおぞましく忌み嫌うべき行為を栄光に値することと考えることだから。」（『義務論』三巻八三、傍点筆者）

キケロは、『国家』において、暴君に対して市民仲間の自由のために戦う義務が、個々の市民すべてにあると書いた。彼は、市民による《暴君征伐》を容認するのである。

ところで、ローマは、《共和制》からキケロが嫌った《帝政》へ移行していくが、《帝政》(Imperium)は、civitas, res publica とは異なるものである。《帝政》という言葉自体は、ポリスやキウィタスと異なり、人的な団体というより、支配権を強調する。そして帝政に支配的な統治様式は、《専制》(dominatus)であった。本来 dominus は、家の主人を表すものであり、それが公的領域に導入されることによって、オイコスの支配形態である《専制－主人的支配》が公的領域において打ち立てられた。ローマが《帝政》に事実上移行しても、アウグストゥスやティベリウスが dominus と呼ばれることにまるでのろいや侮辱であるかのように拒んだのち、カリグラが初めてこの名前で呼ばれることに同意した。したがってアウグストゥスの支配は、共和制的に粉飾された単独者の支配として《元首政》(principatus) と呼ばれたのである。

Ⅱ　混合政体

キケロにとって、共和制の具体的な形態は、ポリビオスが主張したと同様に、執政官、元老院、民会によって構成された《混合政体》であった。またこれに加えて《護民官》(tribunus plebis) の制度があり、平民の身分と財産を守り、《民会》(concilium plebes) を召集し、民会決議を求める権限を有した。彼は、『国家』において、王政、貴族性、民主制を批判して次のように述べている。

「しかし王政においては、ほかの人々は、共同の法および審議からまったく除かれている。また貴族の専制においては、民衆は共同の審議や権限のいっさいから締め出されているゆえに、自由にあずかることはほとんどできない。またすべてが国民によって運営されるとき、たとえその国民が正しく穏健であるにしても、平等そのものは身分の段階を持たないゆえに不公平である。」（『国家』一巻四三）

彼は、民主制が専制を生み出すことをプラトンに倣って主張し、「あまりにも大きな自由は、国民にとっても私人にとってもあまりにも大きな隷属となり」「この最大の自由から僭主と、あのもっとも不公正でもっとも厳しい隷属が生じる」（『国家』一巻六八）ことを警告した。《混合政体》は、王制から imperium（帝権）を、貴族政から autoritas（権威）を、民主制から libertas（自由）を導入して、相互に組み合わせる。彼は王制、貴族制、民主制について述べた後、以下のように結論づけている。

「以上のごとくであるが、最初の三つの種類の中で、王政が私の考えではるかにすぐれているが、他方、最初の三つの国家の様式から均等に混ぜ合わされたものは、王政そのものにまさるであろう。なぜなら国家には、若干の卓越した、王者に似たものがあり、若干のものが指導者たちの権威を分け与えられ、若干の事柄が民衆の判断と意思に委ねられるのがよいと思われるからである。この体制は、まず、自由人があまり長く欠くことのできない一種の公平と、さらに、安定をそなえている。なぜならあの最初の種類は、容易に反対の、欠陥のあるものに変わるため、王から専制支配者が、国民から群集と混乱が生じ、また種類そのものがしばしば新しい種類に変わるからである。だがこのことは、結び合わされ適当に混ぜ合わされた国家の体制においては、指導者たちに大きな欠陥のないかぎり、ほとんど起こらない。」（『国家』一巻六九）

《混合政体》の構築によって、《体制循環》という運命をストップし、長く続く安定した政治体制を実現したいというキケロの悲願がここに如実に示されている。

Ⅲ　パトリオティズム

共和制の第三の特徴は、祖国愛、つまりパトリオティズムである。彼は、「あらゆる社会的連帯の中で最も重要で、もっとも大切なものは、国家とわれわれ一人一人の間の関係である。……あらゆる人々が大切に思うそのすべての関係を祖国はただ一つで包括している。祖国のためならば、良識ある人物の誰が死地に赴くのを躊躇するだろうか。それによって祖国の役に立とうとしないだろうか。」（『義務論』一巻五七―五八）と書き記し、熱烈な《祖国愛》を吐露している。また彼は『法律』においても、「何にもまして、愛情を注がなければならないのは、――そのために私達がいのちを捨て、そこに自己の一切を捧げ、そこに私達の所有物のすべてを供えいわば奉納しなければならない祖国である。」(『法律』二巻二―五) と断言してはばからない。祖国のために命を捨てる、これほどの市民としての美徳は存在しない。

ただキケロのパトリオティズムは、政治的自由や法の支配を侵害するものであってはならなかった。キケロにとって僭主が専制的に支配するような祖国のために命を捨てることは考えられないのである。

四　自然法思想

ストア派の自然法思想は、キケロにも大きな影響を及ぼし、またキケロを通して後世に伝えられていった。キケロの自然法思想は、『法律』(De Legibus) や『国家』の中で展開されている。『法律』の現在ある写本は、第一巻から三巻の途中までを含んでいる。キケロと弟のクウィントスが彼らの友人であるティクスと一緒に兄弟の生地であるピーウムにある別荘で一日を過ごし、三人が国々の法律と制度について討論するという筋である。第一巻は「法の起源とその自然本性」、第二巻は「宗教に関する法律など」、第三巻は「執政官、法務官、監察官の法など」である。ここでは、第一巻の紹介を通して、キケロの自然法思想に触れることとする。

キケロにとって、法律とは実定法ではなくて、《理性の命令》であり、超実定的なものである。「法律とは、自然本性に内在する理性であり、なすべきことを命令し、その反対のものを禁止する」（『法律』一巻一八）のであり、永遠に存続し、何が正しいか、誤りか、何をなすべきかを定め、正しく行動するように人間に呼びかける。

世界は神の理性によって形成され、その摂理によって定められている普遍的秩序であり、人間は、神の理性を分有するものとして、理性＝自然に従って生きることを義務づけられている。理性と法によって、私達人間は神と結び付けられている。

「理性よりもすぐれたものはなく、それは人間にも神にもあるのだから、人間と神の最初の結びつきは理性によるそれということになる。理性を共有する者の間では、正しい理性（recta ratio）もまた共通である。そして正しい理性が法律であるから、わたしたち人間は法律によっても神と結び付けられているとみなすべきである。」（『法律』一巻二六）

キケロにとって、《自然法》は、理性の命令であるので普遍妥当性を有し、時代と国を超えて妥当する。彼は、この点に関して、『国家』において、次のように述べている。

「真の法とは、自然と一致した正しい理性である。それはすべての人に妥当し、永久不変である。

……この法を変更することは正当ではなく、その一部を無効にすることは許されず、またそのすべてを廃止することはできない。……ローマとアテナイにおいて異なる法が存在するものではなく、一つの永久不変の法がすべての国民をあらゆる時代を通して結びつけるであろう。そしていわば、各人共同の支配者、万人の指揮者たる一人の神が存在するであろうし、その神こそこの法の作者であり、裁定者であり、提案者である。」（『国家』三巻三三、傍点筆者）

国家が《自然法》に反した法を制定した場合、国家は《正義》の名に値しないものである。また国家によって制定された実定法、つまりは《市民法》(ius civile) は、《自然法》に合致した時にこそ、妥当性を有する。《自然法》は普遍妥当的であるが、《市民法》は、個別の国家の制定された法律である。

五　キケロのコスモポリタニズム

世界市民

ストア派、そしてストア派の影響を受けたキケロは、《自然法》によって秩序づけられたコスモスをポリスとみなす《コスモポリタニズム》（世界市民主義）の側に立つ。人間は、理性を共有するものとして平等とみなされ、宇宙を支配する自然の法則にしたがって生きる《世界市民》なのである。

「法律（lex）を共有する者は法（ius）をも共有する。そしてこれらのものを共有する者は、同じ国家に属するとみなされるべきである。もし彼らが同じ命令権と権限に従うなら、なおのこと次のように考えなければならない。実際、彼らはこのような天の秩序、神聖な意志、巨大な神に服従する。したがって、私たちはこの全宇宙を、神々と人間が共有する一つの国家とみなさなければならない。」（『法律』一巻二三、傍点筆者）

私達がすでに見たように、古代ギリシャにおいては、ポリスが市民の活動の場であり、生活全体を包括する単位であった。ポリスを越えたアイデンティティを求めることは考えられなかった。ポリスの市民であることが、最大で唯一の存在形態であった。しかし、ローマ時代においては、ポリスの延長であるキウィタス概念を継承しつつも、ポリスを超えた世界が広がっていく。それこそ《コスモポリス》であった。人々は、「自分はまわりを城壁で閉ざされて暮らすある限られた場所の住人では決してなく、ひとつの都市ともいえる《全宇宙の市民》であることを知る」（『法律』一巻六一）のである。すべての人は、自然によって理性を与えられているので、同じ法が与えられており、法によって一つに結びつけられているのである。

現代に置き換えると、日本人とか韓国人とかの特定の民族的アイデンティティが問題なのではなく、国籍を超えた《世界市民》が問題なのである。《正しい理性》を持つ《世界市民》たるものは、自然＝

理性に従って生き、自己保存の欲望を抑制することを求められる。

「最高の善は、自然に即して生きることであり、それは、節度ある、徳にかなった生活を楽しむこと、あるいは自然に従い、いわば自然の法則にのっとって生きること、すなわち自己が持つかぎりの力を決して惜しまずに、自然の要求を達成しようとすることです。あたかも法律に従うように《自然にしたがって生きる》ことは、自然の要求の一つです。」（『法律』一巻五六）

《世界市民》という言葉が最初に使われたのは、キュニコス学派のディオゲネスが、自分の出自をとわれた時に「私は《世界市民》（コスモポリテース）である」といったことに由来する。それは、自分がどのギリシャのポリスにも所属していないことを示すものであった。また彼は、「唯一の正しい国家は宇宙におけるそれである。」と述べている。《世界市民》の概念が本格的に発達するのはゼノン（前三三四―二六二）に始まる初期ストア学派からであり、後期ストア派のセネカ（前四―六五）、マルクス・アウレリウス（一二一―一八〇）を経て、定着していった。マルクス・アウレリウスは、『自省録』の中で次のように述べている。

「もし精神がわれわれすべてに共通するなら、われわれを理性的な存在としてくれる理性もまたわれわれに共通している。もしそうなら、なすべきこと、なすべきでないことを教えてくれる理性もまた、われわれに共通している。もしそうならわれわれは、共通の法を持つということになる。もしそうなら、われわれは《同胞市民》ということになる。もしそうなら我々は一つの体制の一員となる。もしそうなら世界はいわば《一つの国家》（polis）である。」（『自省録』四巻四）

キケロやマルクス・アウレリウスの《コスモポリタニズム》が、初期ストア派のそれよりもはるかにリアリティを持っているとするならば、それはローマ帝国という政治的実体が存在したからであり、単なる哲学的な規範理論の帰結ではなかったからである。ローマは、前二九五年にイタリアを統一してから地中海世界を支配し、最終的に北はブリタニアから南はアフリカ北部まで、東は中東から、西はイスパニアまでを支配する大帝国を建設し、《ローマの平和》（Pax Romana）を実現する。そして征服した他国民にローマの《市民権》を付与することによって、様々な民族や習慣を超えた《世界市民》を形成していった。それは、ディオゲネス的な根無し草で帰属感を喪失した《世界市民》とは、異なるものであった。

ところで、私達は、キケロにおいて、パトリオティズムとコスモポリタニズムは一体共存可能であるかという疑問を抱かざるを得ない。

コスモポリタニズムとパトリオティズム

周知のように、キケロやマルクス・アウレリウスは、熱烈な《祖国愛》を持ったローマ人であった。アウレリウスは、「アントニヌスとしては、私の祖国はローマであり、ひとりの人間としては私の祖国は世界である。」（『自省録』六巻四四）と《祖国愛》と同時に《コスモポリタニズム》を表明している。またキケロも二つの祖国、二つの市民権を持っていると考えていた。愛国主義者であると同時に《コスモポリタン》であるということはいかにして可能なのだろうか。この二つは矛盾をきたさないのだろうか。矛盾した場合、どちらが優先されるのか。この二つのうち、先に来るのはどちらなのだろうか。ここでは、キケロの『義務論』を参考にして、この問題を考えてみたい。

すでに述べたように、共和制を支持し、カエサルの専制に激しく抵抗したキケロはまた熱烈な愛国主義者であった。「あらゆる社会的連帯の中で最も重要で、最も大切なものは、国家とわれわれ一人一人の間の関係である。」と述べるキケロの《愛国主義》は、第一の忠誠を祖国に捧げているように思われる。とはいえ、私達は、やはりキケロの愛国主義は《自然法》や《コスモポリタニズム》という普遍的な価値によって制限されていたことを忘れてはならない。彼にとって祖国に対する《愛国心》と、《人類共同体》に対する忠誠は矛盾するものであってはならなかった。すでに述べたように、キケロの《コスモポリタニズム》を形成しているのは《自然法思想》であり、彼は、万人が自然法規範によって、理性と道徳的選択能力を付与されており、国境を越えた道徳的共同体が存在するという認識を有していた。したがって、法規範は、相異なる国々に対して等しく適用されなければならない。《普遍的な世界共同体》を破壊するような誤ったパトリオティズムはキケロの採用する所ではなかった。

「我々は、みな自然という同じ一つの法律の上に存立している。そしてそのこともそのとおりであるとするならば、自然の掟がわれわれに他人の権利の侵害を禁じていることは疑い得ない。――同胞市民に対しては配慮すべきであるが、他国人についてはその必要がないという人々は、全人類に共通の社会を破壊している。」（『義務論』三巻八、傍点筆者）

《祖国》の繁栄を求めながらも、《全人類に共通な社会》を維持していこうとするキケロの姿勢は、彼の《正戦論》の中にも見て取ることができる。大事なことは、キケロの《正戦論》が、戦争を宗教によって神聖化しようとする《聖戦論》とは異なり、戦争を制限しようとする試みであったことである。

正戦論

彼は、『義務論』（一巻三四―四一）において、《戦争の正義》について触れている。これは、敵国人であっても同じ《人類社会》の一員としてみなすべきであることから生じてくる義務である。《コスモポリタニズム》は戦争に対して国際的制約を課するのである。まず、戦争目的は「不正のない平和な生活」

のためであること、つまり自衛のためであることが求められる。いわゆる《戦争への正義》(jus ad bellum) である。また、勝利が得られれば、戦争中に野蛮で残忍でもなかった敵の命を守ることが必要である。これは、いわゆる《戦争における正義》(jus in bello) である。ここには、侵略戦争を起こし、捕虜や民間人を殺害することは禁止されるという国際人道法の萌芽が存在する。またキケロは、戦争の前には、公式の原状回復要求、ないし戦争するという事前の通告や宣言が必要であると主張する。キケロは、必ずしも戦争そのものを否定しているわけではないが、戦争におけるルールを提唱していることは重要である。そこには、敵の中にある《人間性》を尊重すべきという信念が見て取れる。またキケロは、個々のポリスを超えて《全人類に共通の社会》が広がり、自然法規範によって結び合わされている関係を保持・育成していくことを願っていた。彼は真剣に、「全人類に共通の連帯と同胞関係を我々は大事にし、見守り、保持しなければならない」(『義務論』一巻一四九) と述べている。古典古代の都市国家のポリスやキウィタスは城壁によって囲まれ、市民たちの忠誠の第一の対象であった。しかし、《コスモポリタニズム》はポリスの城壁を越えていくものである。

同心円の思想

すでに見たようにキケロの《コスモポリタニズム》は、地域や民族や国家への帰属やアイデンティティを認めないような一元的なものではなく、《祖国愛》を含め、複数のアイデンティティや帰属感情と両立しうるものであった。そのことを、視覚的に示すためにキケロは《同心円》の秩序像を展開する。

「人間の社会には、幾つかの段階がある。すなわち一切限定のない社会を出発点とすると、次に来る社会は、同じ民族、生国、言語によるものであり、これらは人間をきわめて強く結びつける。それより密接なのは、同じ市民によるものである。すなわち中央広場、神殿、柱廊、道路、法律、権利、裁判、選挙、更には知人や友人関係があり、また多くの人が多くの人と経済関係を交わしている。しかし、なお緊密な社会は、親族の社会によるものである。社会は、あの人類全体の無限定な所から始まって、最後はこの小さな所に行き着くのである。」（『義務論』一巻五三―五四、傍点筆者）

ここで出発点は、cosmopolis であり、円は外から内に向かって書かれている。これは、《世界市民》であるという意識、《人類共同体》に属しているという意識が第一義的に重要であることを意味する。同時に《同心円》が多層的な構造を有しており、《コスモポリタニズム》が他の血縁的、地縁的、民族的、国民的アイデンティティを否定しないものであることは重要である。つまり cosmopolis → éthnos → polis, civitas → oikos（家）の順序である。《コスモポリス》から始める効果とは一体何であろうか。それは、民族や言語集団を意味する éthnos が、普遍的な自然法規範を犯してはならないことを意味すると同時に、個々のポリスを越えた普遍的な共同体が存在することを示している。したがって同国人を優遇し、他国人の権利を侵害することは、《全人類に共通な社会》を破壊していることになるのである。

問題は、人間関係の親密度は、円が書かれる順番とは反比例することである。一番密接なのが血統で結び合わされている親族、家族であり、次が共通の政治の営みや活動によって結び合わされているキウィタスであり、次は民族や言語といったエスニシティによって一体となっているエトノスであり、最後にコスモポリスである。しかし、キケロにとって忠誠や価値の優先順序は逆である。血統や地縁、民族、言語、国家ではなく、普遍的な自然法規範、そしてそれによって裏打ちされた人間の理性や道徳が第一次的に重要であった。

キケロにとって、円が内側ではなく、外側から書かれることが重要である。普遍的な規範が、外側から始まって、内側に向けられるのである。

しかし、私達は、まず家族の中で生まれ、生活し、ポリスで活動し、民族や言語集団に属している。私達の身近な生活圏としてアイデンティティを持ちやすいのは、《同心円》の内側の部分である。ここでは、内側から外側に円を書くことが大事である。それは、規範的な優先順序ではなく、内側から《愛着》や《忠誠》の対象を少しづつ広げていくということである。

キケロの《同心円的構造》の中には、実は円を外から内に向けて書くベクトルとともに、内から外へ書くベクトルつまり、親族や家族という身近な集団から出発するベクトルが存在する。それは、《オイケイオーシス》（οἰκείωσις、ラテン語ではconcilatio）と呼ばれるものであり、対象を自分自身と同一視することから生じる自然的な愛着である。

形容詞はoikeiosで、身近で、生まれつき自分に固有なものとしてもとからそなわっているものに対する意識のありかたである。《オイケイオーシス》は、子どもが道徳的に成熟した人間に成長する心理学的な過程である。《オイケイオーシス》はもともとアリストテレスの『ニコマコス倫理学』に端を発する。しかし、アリストテレスの場合は親の子に対する愛着はポリス形成を終着点とするが、ストア派の場合はポリスを突き抜けて全世界にまで至るものであった。キケロは、『善と悪の究極について』（De Finibus Bonorum et Malorum）において、親の子に対する愛情は、「人間同士の間で共有される自然的な関心（commendatio）の源ともなり、したがって、人間であるという事実そのものによって、いかなる人間も他の人間とは異質な者とみなされるべきではない。」（三巻六三）と述べている。そしてキケロは、「人間は、家族や身内の者たちへの愛情から出発して、次第により遠くへと領域を広げてゆき、最初に同国人との交際に、のちには人類全体の社会に関わりを持つように」（『善と悪の究極について』二巻四五）なると述べ、「子は親によって愛されるようになることを理解することが大切です。ここを《始点》にして、我々は人類の共同社会を目指すのです。」（『善と悪の究極について』三巻六二、傍点筆者）と断言している。

こうしたキケロの《同心円》の思想は、後期ストア派の二世紀前半のヒエロクレスの《同心円》の比喩によって完成する。ヒエロクレスの同心円は、キケロと同様、個人の身近な領域から段階をおって外側に広がっていく重層的構造をなしており、各人は、人類からなる全体秩序において、家や地域や国に相変わらず属し続け、家族の一員として、地域の住民として、また市民としての役割をはたし続けるのである。しかし、自然的な情愛を特徴とする《オイケイオーシス》は、家族や地域、ないし国家を超えて、《人類共同体》にまで拡大していくことは可能なのだろうか。それは、範囲が拡大するにつれて、薄くなっていくのではないだろうか。人は自分の家族と同様の自然的情愛を他国人にも注ぐことができるだろうか。理性的認識のレベルのみならず、感情のレベルで、《世界市民》としての連帯を強化することは可能であろうか。そもそも《家族愛》や《祖国愛》と並んで、《人類愛》や《世界市民》としてのアイデンティティの形成が可能であろうか。キケロが遺したこの問題について、後世のコスモポリタニストたちは、真剣に取り組むことになる。

〔参考文献〕

＊キケロの著作
『キケロー選集』（全一四巻）（岩波書店、一九九九―二〇〇〇年）（第八巻『国家について／法律について』、第九巻『義務について』、第十巻『善と悪の究極について』）
＊キケロに関する入門書
P・グリマル『キケロ』（高田康成訳、白水社、一九九四年）
高田康成『キケロ――ヨーロッパの知的伝統』（岩波新書、一九九九年）

Ch・ハビヒト『政治家キケロ』（岩波書店、一九九七年）
＊ポリビオスの著作
『歴史』（Ⅰ・Ⅱ）（城江良和訳、京都大学学術出版会、二〇〇四年）
＊マルクス・アウレリウスの著作
『自省録』（水地宗明訳、京都大学学術出版会、二〇〇四年）
『自省録』（鈴木照雄訳、講談社学術文庫、二〇〇六年）
＊コスモポリタニズムについて
古賀敬太「コスモポリタニズム」（『政治概念の歴史的展開』第三巻所収、晃洋書房、二〇〇九年）

第三部

キリスト教の政治思想

——古代から中世へ

第九講　新約聖書の思想

一　イエス・キリスト

ユダヤは、すでに前六三年にローマの属国になっていた。イエスは最初の皇帝アウグストゥスの治世（前二七—後一四）にエルサレム近郊のベツレヘムで誕生し、ガリラヤのナザレで成長し、《神の国》の教えを宣教した。しかしユダヤ人、特にパリサイ人やサドカイ人といったグループの宗教的指導者は群集を扇動して、イエスを迫害し、十字架につけようとした。当時死刑にする権限を持っていたのは、二六年にシリアの属州の総督となっていたポンティオ・ピラトである。聖書によれば、イエスは全人類の罪のために十字架にかかり、三日後に墓を打ち破って復活する。ティベリウス皇帝（治世一四—三七）の時である。ちなみに、イエス・キリストとは、イエスが、旧約聖書で預言されていたキリスト（ヘブル語でメシア）、つまり《救い主》であるという意味である。《十字架》（スタウロス σταυρός）と《復活》

（アナスタシス ἀνάστασις）こそ、キリスト教の《福音》（エウアンゲリオン εὐαγγέλιον）の中心的メッセージである。《福音》とは good news（良き訪れ）の意味である。エウセビオスの『教会史』は、ピラトがイエス・キリストの処刑についてティベリウス帝に報告したことを書き記している。

「わたしたちの救い主の、人知を超えた復活と昇天は、今や多くの人々の知るところとなった。そこでピラトは、古来の慣習にしたがって、……パレスチナ全土のすべての住民の間ですでに知れ渡っていた、わたしたちの救い主であるイエスが死人から復活したことについて、皇帝ティベリウスに報告した。なぜならば彼は、自分が聞いたイエスによる他の不思議な業や、死後のイエスが死人から甦ったため、すでに多くの人々が彼を神と信じていることを聞き知っていたからである。」（二巻二）

イエスの死と復活の後、弟子たちは、「聖霊があなたがたの上に臨まれるとき、あなたがたは、力を受けます。そして、エルサレム、ユダヤとサマリアの全土、および地の果てにまで、わたしの証人となります」（使徒の働き一章八節）とのキリストの命を受け、キリストの十字架と復活の《福音》を宣べ伝えていった。その代表的な人物がパウロである。

二　パウロ

パウロは、ユダヤ教に熱心で、キリスト者を迫害していたが、ダマスコに向かう途中で、「なぜわたしを迫害するのか」というイエスの声を聞き、回心してキリスト者となった。《福音》を異邦人に伝える働きをした中心的人物がパウロであった。ローマ帝国という普遍的世界やギリシャ語やラテン語といった国際言語が存在したことが、キリスト教の発展にとって有利な環境を形成したことは明らかである。パウロは小アジアのタルソに生まれた《離散》のユダヤ人であったが、ギリシャ語を話し、ローマの市民権を有していた点で、ヘレニズム化したローマ帝国にキリスト教を伝える上で適材の人物であった。また、彼は《律法による義》ではなく、イエス・キリストを信じる《信仰による義》を説き、律法を守り、割礼を受けることが救いにとって必要不可欠な条件ではないと説くことによって、ユダヤ教の一派とみなされていたキリスト教を狭い《民族宗教》の枠から解き放ち、《世界宗教》へと発展させる役割を果たした。異邦人はもはやユダヤの宗教的儀式や慣習に惑わされることなく、イエスをただ《救い主》（キリスト Χριστός）として信じる信仰だけで救われ、教会に受け容れられたのである。

同時にパウロは、回心以前、旧約聖書の律法の遵守に熱心なユダヤ教徒であったため、イエスが旧約聖書で預言されていた来るべき《メシア》であることを立証し、旧約聖書と新約聖書の《連続性》を強調した。

パウロの三回にわたる伝道旅行（四八—五六）は、ルカが書いた「使徒の働き」に詳しい。このパウロの宣教活動によって《福音》が、シリアのアンテオキアから小アジア、ギリシャ、ローマといった地中海世界に広がっていった。伝承によれば、パウロはネロの迫害によってペテロとともに、六四年にローマで殉教したという。私たちは、シェンキェヴィチ（一八四六—一九一六）の小説『クオ　ヴァディス』（Quo vadis, 一八九五年）を通して、ネロの時代においてキリスト教がローマの奴隷、軍人、貴族層の間にいかに浸透していたかを知ることができる。

「使徒の働き」においてはキリスト者に対する迫害は主にユダヤ人によってなされ、ローマ帝国はどちらかというと中立的な立場を保っていたことがわかる。しかし、その後初代教会は、ローマ帝国による迫害を繰り返し経験するようになる。（六四年のネロ皇帝、八五年のドミティアヌス帝の迫害、二〇三年のセヴェルス皇帝、二五〇年のデキウス帝の迫害、皇帝ディオクレティアヌスの迫害など）。ネロ皇帝の迫害に関して、元老院議員や執政官にもなった古代史家タキトゥス（五五—一一五）は、キリスト者に対する偏見をあらわにしながら、以下のように述べている。

「この一派（キリスト教徒）の呼び名の起因となったクリストゥスなる者は、ティベリウスの治世下にポンティウス・ピラトゥスによって処刑されていた。その当座は、この有害きわまりない迷信も、一時鎮まっていたのだが、最近になってふたたび、この禍悪の発生地ユダヤにおいてのみならず、世界中からおぞましい破廉恥なものがことごとく流れ込んでもてはやされるこの都においてすら猖獗をきわめていたのである。そこでまず、信仰を告白していた者が審問され、ついでその者らの情報に基づき、実におびただしい人が、放火の罪というより、むしろ人類敵視の罪と結びつけられたのである。彼らは、殺される時、なぶりものにされた。すなわち、野獣の毛皮をかぶされ、犬に噛み裂かれて倒れる。」（『年代記』第一五巻四四）

このネロ皇帝の時は別として、キリスト者迫害の主たる理由は、キリスト教徒がローマ皇帝を礼拝したり、ローマの神々に供え物をささげて礼拝したりすることを拒否したからである。しかし、三一一年にガレリウス帝はキリスト教に対する寛容令を発表し、三一三年に、コンスタンティヌス帝はミラノ勅令により礼拝の自由を認め、三九二年にテオドシウス帝はキリスト教を国教とするに至った。E・ギボンは名著『ローマ帝国滅亡史』の中で、キリスト教がローマ世界に浸透していった経緯について次のように述べている。

「キリスト教の発展およびその確立に関し、公平かつ合理的な検討を試みることは、ローマ帝国史を語る上で、きわめて重要な一章であろう。ローマ帝国なる大機構が、あるいは公然の暴力によって侵され、あるいは緩慢な衰退によって蝕まれている間に、他方では純粋なある民間宗教が徐々に人心に浸透し、静かに、また人知れず発展の経過をたどり、弾圧にあえばむしろ活力を新たにするといった形で、最後にはついにカピトリヌス丘神殿の廃墟の上に、勝利の十字架旗を打ち樹てることになるのであった。」（第一五章）

繁栄を誇ったローマ帝国は、三九五年にローマ帝国が東西に分裂し、四七六年にローマを首都とする西ローマ帝国は滅亡した。しかし、キリスト教自体はローマ帝国を滅ぼしたゲルマン民族に受け継がれて、全ヨーロッパを支配するに至る。

三　キリスト教の受容と対決

ここでは、キリスト教の特質と、キリスト教がローマ帝国内に普及していく中で生じたヘレニズム世界との間で生じた葛藤について検討することにする。最初にローマ帝国内において影響力を持っていたストア派とキリスト教の類似点と相違点を明確にしておきたい。

ストア派の伝統とキリスト教

ポリス崩壊後の《精神的虚無》の時代において、ストア派は、《内面性》を重視し、内面的世界を開拓していった。ストア派は、《アパティア》（自然に従って生きる）を人生の理想とし、主に知識人や富裕層に浸透していった。それに対してキリスト教は、《神の愛》（アガペー ἀγάπη）とイエス・キリストを信じる信仰による魂の救いを告げ報せ、主に下層階級に反響を見出していった。《アガペー》というギリシャ語は、聖書以前のギリシャ語ではほとんど見当たらず、価値や功績があるなしにかかわらず信じる者に注がれる神の無償の愛を意味している。

またストア派は、民族やポリスを越え、世界を貫く《永久法》と《自然法》の存在を説いた。キリスト教もまた民族やポリスを越え、世界が神の《摂理》によって支配されていると同時に、この世界を創造した《創造主》の存在を伝えた。更にストア派は、《自然法》に基づく《世界市民》やコスモポリタニズムを説き、すべての人が理性を有しているとして奴隷制を否定したが、キリスト教は、イエス・キリストを信じる人は誰でも《神の国》の市民であると説いた。パウロは、「ガラテヤ人への手紙」で「あなたがたはみな、キリスト・イエスに対する信仰によって神の子供です。――ユダヤ人もギリシャ人もなく、奴隷も自由人もなく、男子も女子もありません。なぜなら、あなたがたはみな、キリスト・イエスにあって、一つだからです。」（ガラテヤ人への手紙三章二六―二八節）と書き記したが、この言葉は、キリスト者にとって観念ではなく、現実そのものであった。

このようにストア派の思想とキリスト教は、個人の内面性に訴えたこと、ポリスを越えていく《コスモポリタニズム》への傾向、そして万人の平等という点において類似点を有している。しかしキリストの《福音》は、ストア派とは基本的に全く異なる世界観や人間観、歴史観を示している。ヘレニズムの世界にヘブライズムの思想が突然、介入してきたのである。ストア派の理性的人間観とキリスト教の人間観、永遠の秩序に基づくストア派の宇宙観そして汎神論と《無からの創造》を説くキリスト教の宇宙観と唯一神論とは異なるものであることを銘記することが重要である。

超越的権威に対する信仰

キリスト者にとって、神は《唯一神》で《創造者》であり、この神以外を礼拝することは偶像崇拝の罪であった。当時のローマ帝国は、ギリシャのポリスと同様に《祭祀共同体》であり、神々に香をたき、犠牲をささげることが、市民の最大の義務とされていた。キケロでさえも、『神々の本性について』（一巻四）において、「神々に対する敬虔な気持ちがなくなれば、信義や人間社会の絆、さらには諸徳の中でも唯一際立つ聖書の徳といったものも、おそらく消えてなくなるだろう」と述べ、神々に犠牲や祈りをささげることを奨励した。当時のローマでは、市民たちは公にローマの神々、ユピテル神やアポロン神に香を焚き、いけにえを捧げる習慣があったが、キリスト者はそれをしなかったので、神々を信じない《無神論者》として迫害されたのである。超越的な唯一神の信仰を説くキリスト教は、必然的にローマの国家宗教と衝突せざるをえなかった。

また、キリスト者は、イエス・キリストは《主》（キュリオス κύριος）であると告白した。単に心の中で信じるだけではなく、公に《告白》することが神に対する服従のあかしとして求められているのだ。《告白》することによってキリスト者は否応なく政治的領域に連れ出され、国家権力の前に立たされることとなる。信仰告白の重要性は、「もしあなたの口でイエスを主と告白し、あなたのこころでイエスを死者の中からよみがえらせてくださったと信じるなら、あなたは救われるからです。」（ローマ人への手紙一〇章九節）という言葉に示されている。キリスト者にとってイエス・キリストは、罪と裁きからの《救い主》であると同時に、主権をもって支配する《主》でもあった。しかし、これは、ローマ帝国下において生じた《皇帝礼拝》と衝突せざるをえなかった。皇帝を神として礼拝すべきとする要求である。キリスト者は、イエス・キリストを《主》として告白して迫害されるか、皇帝を《主》と告白するかの二者択一を迫られたのである。キリストの権威は、皇帝の権威の上にあると彼らは信じていた。

終末論

古典古代の《循環》の時間概念に対して、ユダヤ教－キリスト教の伝統は、歴史に《初め》があり、《終わり》があるという考えを持ち込んだ。これによって、時間と歴史を自然現象の類比のもとに永遠に《循環する》と考える古典古代の《循環的》な宇宙観が克服され、この世は滅び、その後に《神の国》が到来するという《終末論》が生まれたのである。初代教会のキリスト者は、イエス・キリストの《再臨》（パルーシア παρουσία）と神の審判、その後の《神の国》の到来を待ち望んだ。《世の終わり》とキリストの《再臨》に対する期待こそ、彼らの信仰と行動の源泉であった。再度、ギボンの『ローマ帝国衰亡史』に語らせることにしよう。キリスト教に批判的であったギボンの叙述にはキリスト教に対する彼の主観的な評価も幾分混入されているが、大体において初代教会の当時の雰囲気を伝えている。

「この世はやがて終わり、天国は近しとの考えが、すべての信徒によって信じられたのだ。驚くべきこの事態の近いことは、確かに使徒たちも預言していたし、またその伝統は初期の弟子たちによっても固く信じられていただけに、キリスト自身の言葉をすべて文字通り受け取っていた信徒たちは、やがて雲に駕した輝かしい《人の子》(キリスト)の《再臨》がそれも遠い将来ではなく、はるかにもっと早い時期に——必ず実現するもの、といやでも期待しないわけにはいかなかった。——彼らは、この世界そのもの、およびそこに住む全人類が、神の審判者たるキリストの《再臨》を前におののく怖るべき瞬間を、怯えながらもひそかに期待して生きるようになったからだ。」(第一五章)

人間観

キリスト教は、ギリシャ-ローマ哲学とは根本的に異なった人間観をもたらした。ギリシャ-ローマの哲学の人間観は、《知恵》を求める《理性的人間観》である。そこでは理性によって真理を認識することが最高の至福とされていた。これに対して、キリスト教は、人間は《神の似姿》(Imago Dei) によって創造されたが、堕落によって破壊され、人間の理性、感情、意志が罪によって腐敗してしまったとして、《原罪》のもたらす悲惨さを主張する。もはや人間の《自然的理性》によって真理を知ることは不可能なのである。代わりに神の啓示と聖霊の導きによって、神の真理に至ることができる。また、人間は、自分の力によって自らを救うことはできず、ただ、《神の恩寵》により、イエス・キリストを信じる信仰によって救われる。パウロは、「すべての人は、罪を犯したので、神からの栄誉を受けることができず、ただ、神の恩寵により、キリスト・イエスの贖いのゆえに、価なしに義と認められるのです。」（ローマ人への手紙三章二三―二四節）と書き記している。《行為義認》ではなく、《信仰義認》の道である。ただ《恩寵》（カリス χάρις）のみの道である。下からではなく、上からの救いの道である。キリストの身代わりの十字架（スタウロス σταυρος）こそ、神の審判を逃れ、救いに至る唯一の道であった。しかし、《知恵》を最大の徳と考えるギリシャ人たちは、この《福音》を《愚か》と考えた。パウロは、「ユダヤ人はしるしを要求し、ギリシャ人は知恵を追求します。しかし、私たちは、十字架につけられたキリストを宣べ伝えるのです」（第一コリント人への手紙、一章二二―二三節）と述べ、人間の《知恵》を求めるギリシャ人を戒め、真の知恵が《キリスト》にあることを主張した。

魂と肉体

プラトンは、《魂の不死》を説いた。そして肉体は《魂の牢獄》であった。死（サナトス θάνατος）において、魂と肉体は分離されるが、それこそ最高の至福の時であった。キリスト者は、たしかに、死んだ後、魂が《天国》に行くことを信じ、待ち望む。デモクリトスやエピクロスが言うように死で終わるのではない。しかし、ユダヤ - キリスト教の伝統は、《魂の不死》のみならず、肉体の《復活》にある。キリスト者は、イエスの《再臨》の時に、キリスト者のからだが《復活》して、栄光のからだに変えられると信じた。しかし、魂を尊び、肉体を蔑視するという哲学が、キリスト教に侵入すると、イエス・キリストの《受肉》や《復活》を否定する《異端》を産み出すことになる。パウロが伝道旅行でアテネを訪問した時に、エピクロス派とストア派の哲学者と論じあったが、《死者の復活》を聞くと彼らは嘲笑ったのである（使徒の働き一七章一八、三二節）。

キリスト教がギリシャ哲学と結びつくプロセスの中で、キリスト教の教理がゆがめられ、《異端》が侵入し、教会の内部が危険にさらされる事態が生じてきた。《正統》と《異端》を正しく識別し、教会の純粋性と正統性を保持するためにも、すでに諸教会で読みあげられたり、信じられていた福音書や使徒の手紙を編纂し、《正典》を作成することが目下の急務となった。

新約正典（canon）の成立

今、私たちが手にしている新約聖書は、マタイの福音書からヨハネの黙示録に至るまで二七巻である。二〇〇年頃には、今日私達が手にしている新約聖書の大部分は、すでに《正典》として初代教会に認められていた。正典として採用されるものの基準としては、第一にそれが使徒のものであるか、それとも使徒の直弟子のもの（例えば、ルカの福音書、マルコの福音書、ヤコブの手紙、ユダの手紙）であること、第二に、内容が正統的なもので、教理的に健全なものであることがあげられる。

《正典》の形成過程は、とりもなおさず、《異端》との戦いの過程でもあった。二世紀後半に《使徒信経》と呼ばれる信仰箇条が決定され、三二五年にニカイア宗教会議が開催され、イエスが神の子であることが決定され、イエスの神性を否定していたアリウス派に対してアタナシウス派が勝利を収めた。三六二年のラオデキア公会議では、二六の文書が《正典》として選ばれ、ヨハネの黙示録だけが新約聖書から外されていたが、三六七年にアタナシウスが現在の新約聖書と同じ構成を公にし、カルタゴの会議（三九七年）で黙示録が《正典》として承認され、最終的に二七巻の《正典聖書》が成立した。正典化の過程は約三〇〇年にわたる。現在ギリシャ語原本は失われており、最古のアレクサンドリア写本（大英博物館所有）、ヴァチカン写本（ヴァチカン図書館所蔵）シナイ写本（大英博物館所有）がある。二七巻の内容の構成は、以下の通りである。

＊福音書（イエスの生涯を書きしるした文書）マタイ、マルコ、ルカ、ヨハネ
＊使徒の働き（ペテロやパウロなどの福音宣教の働きを記した書物）
＊書簡（使徒などが、教会や個人に宛てた者）ローマ人への手紙、第一、第二コリント人への手紙、ガ

ラテヤ人への手紙、エペソ人への手紙、ピリピ人への手紙、コロサイ人への手紙、第一、第二テサロニケ人への手紙、第一、第二テモテへの手紙、テトスへの手紙、ピレモンへの手紙、ヘブル人への手紙（以上、パウロの書簡、ただヘブル人の手紙の著者に関しては異論がある）、ヤコブの手紙、第一、第二ペテロの手紙、第一、第二、第三ヨハネの手紙、ユダの手紙

＊ヨハネの黙示録

カトリック教会の成立

新約聖書で《教会》と訳されるギリシャ語エクレシア（ἐκκλησία）は、神によって集められたもの、選び出されたものを意味する言葉である。「使徒の働き」によれば、キリスト者は信仰告白をした後、バプテスマ（洗礼）を受け、《教会》に加えられた。初代教会においては、平信徒と聖職者という区別は存在せず、複数の長老（監督と同義語）が牧会の役割をになった。またそれぞれの地域にある諸教会は、中央集権的に組織化されておらず、独立していた。しかし、異端との戦いの中で、聖書の本来の教会像から離れ一六〇年から一九〇年の間に特定の聖職者が権限を持つヒエラルヒー的な《司教制度》（episcopos）が誕生するようになり、《カトリック教会》と称するようになった。もともと、《カトリック》は普遍的という意味であり、異端との戦いの中で正統な教会を標榜して登場したのである。カルタゴの司教キプリアヌス（二〇〇／二一〇―二五八）は、「教会の外に救いはなし」（Sallus extra ecclesiam non est）と主張し、教会の一致は、一つの司教職にすべての教会の司教が服することにあると説いた。そして帝国の首都にあるローマ教会は他のアジアやアフリカの諸教会を指導する優越的地位を確立し、ローマの司教はすべての司教に対する《首位権》（primatus）を主張するようになり、《教皇》として、教会制度の頂点に君臨するようになった。こうした教皇制を正当化する役割を果たしたのが《使徒承継》（successio apostolica）の理論であり、キリストが天国の鍵をペテロに渡して以降、その《使徒権》が代々のローマ教皇を通じて継承されてきたとする考えである。この理論によれば、カトリック教会の教皇だけが天国への門を開いたり、閉じたりすることができるのである。

キリスト教神学の展開

ここで、私たちは、初代教会からアウグスティヌスに至るまで、キリスト教がどのように古典古代の哲学と関係したかをキリスト教神学の展開を通して、見ておくことにしよう。

パウロやペテロの殉教、そしてヨハネの死後、使徒たちを知っていた《使徒教父》が活躍した。ローマのクレメンス、アンテオキアのイグナティオス、スミルナのポリュカルポス、ローマのヘルマス、アレクサンドリアのバルナバといった人々が一世紀後半から二世紀前半まで書いた手紙や文書が良く知られている。こうした書簡や文書はほとんど殉教や牧会のためのものであるので、そこに聖書とギリシャ哲学との強い結びつきを見て取ることはできない。

キリスト教とギリシャ哲学の総合という点で興味深いのは、哲学者ユスティノス（一〇〇—一六五）である。彼は、『弁証論』や『トリュフォンとの対話』を書き、キリスト教を新プラトン主義やストア派の哲学の助けを借りて弁証しようと試みた最初の人物である。彼は、キリスト教の中に真の哲学を見出し、神のロゴスたるキリスト（ロゴス・キリスト論）を強調したが、史的イエスを犠牲にしてしまった。キリスト教がヘレニズム化した時の問題は、ユスティノスにおいて余すところなく示されている。ただ彼が、信仰のためにローマで殉教した人物であることを忘れてはならない。彼は、マルクス・アウレリウス皇帝（一六一—一八〇）の時に、「まず第一に神々に従え、そして皇帝に服従せよ」という命令に反して、「キリスト教徒は無神論者でも、悪事を行うものでもなく、はじめから存在し、見えるもの見えざるものすべての創り主である一つの本当の神を、人類に示された最高の方法で拝むものである」と述べて、処刑されたのである。

キリスト教のヘレニズム化に反対したのがカルタゴの司祭テルトリアヌス（一五五—二二〇）である。すでに述べたように彼は、「アテネとエルサレム、アカデミアと教会の間に、なんの共通点があるのか。ストア的キリスト教、プラトン的キリスト教、論理的キリスト教への試みはすべて消え失せろ」と言い放った。「不合理なるがゆえに我信ず」（Credo paene verba, tot sentential）という言葉は、彼の思想の特質を良く表わしている。また同じくカルタゴの司教キプリアヌス（二〇〇／一〇—五八）も、テルトリアヌスの影響を受け、キリスト教のヘレニズム化には反対であった。

これに対して、アレクサンドリアで起こったキリスト教神学のアレクサンドリア学派は、ギリシャ哲学とキリスト教を融合させようとした。当時アレクサンドリアは、古代世界で最も国際的な都市であった。ここで、前三世紀中葉、旧約聖書のギリシャ語訳、つまり《七十人訳聖書》(Seputuaginta) が完成した。またユダヤ人哲学者フィロン（前二五—四五）は、ギリシャ哲学によってユダヤ教を再解釈しようとしたし、プロティノスは新プラトン哲学を展開した。この地では、キリスト教とプラトン哲学やストア哲学の融合が積極的に試みられたが、アレクサンドリアのクレメンス（一五〇—二一五）やオリゲネス（一八五—二五四）といったギリシャ教父がその代表的存在である。クレメンスは、ストア派のロゴス論を継承して、受肉したロゴス（神の言葉、神の理性）であるイエス・キリストを説くロゴス・キリスト論を展開した。

オリゲネスは青年時代、クレメンスのもとで学んだ。オリゲネスの父親は迫害で殉教しており、オリゲネス自身もデキウス帝（二四九—二五一）の迫害で、投獄され、拷問された経験があり、彼自身、殉教こそ信者のキリストに対する愛のしるしであると主張した。オリゲネスは、プラトンやストア派などの異教の哲学を用いて、キリスト教を弁証しようとした。彼の著作としては異教徒のキリスト教批判に答えた『ケルソス駁論』やキリスト教の教理書である『原理論』が有名である。彼はギリシャ哲学とキリスト教との間に大きな一致が存在すると考えた。オリゲネスは、《魂の先在説》を主張したり、聖書の字義的解釈を退け、比喩的・霊的解釈を好むなど、ギリシャ的な《霊肉二分法》の影響を免れていない。また《創造論》や《救済論》においても身体や物質に対する低い評価が見られる。また彼は、アウグストゥスによるローマ帝国の統一を、福音宣教のためになされた神の摂理とみなす《政治神学》的傾向を示している。このオリゲネスの思想は、東方においては、小アジアのギリシャ教父でカッパドキアの三人の司教である大バシレイウス（三三〇―三七九）、ニュッサのグレゴリウス（三三五―三九四）、ナジアンゾスのグレゴリオス（三二五／三〇―三九〇）、西方においては後のミラノの司教アンブロシウス（三三三―三九七）やヒエロニムス（三四〇／五〇―四一九／二〇）に多大な影響を及ぼした。

キリスト教の《ヘレニズム化》においてはキリスト教の教義がギリシャ哲学によって変質する場合とキリスト教への融合のプロセスでギリシャ哲学が批判的に摂取されていく二つの場合がある。問題なのは、前者の場合であり、アレクサンドリア学派はこの事例である。

〔参考文献〕

＊聖書

主に新改訳聖書（いのちのことば社）と新共同訳聖書（日本聖書協会）の二つがあるが、本書での引用は、新改訳聖書から行った。

＊聖書に関する文献

新井智『聖書――その歴史的事実』（ＮＨＫブックス、一九九九年）
小塩節『聖書入門』（岩波新書、一九五五年）

O・クルマン『新約聖書』(倉田清訳、白水社、一九九八年)
＊初代教会の歴史に関する文献
M・シモン『原始キリスト教』(白水社、二〇〇一年)
W・バークレー『パウロの思想』(柏井忠夫訳、日本基督教団出版局、一九七一年)
H・R・ボーア『初代教会史』(塩野靖男訳、教文館、一九九〇年)
＊歴史家から見たローマ時代におけるキリスト教の宣教、迫害の歴史
エウセビオス『教会史』(Ⅰ・Ⅱ・Ⅲ)(秦剛平訳、山本書店、一九八六、一九八七年)
E・ギボン『ローマ帝国滅亡史』(中野好夫訳、ちくま学芸文庫、二〇〇八年)
タキトゥス『年代記』(上・下)(岩波文庫、一九八一年)
＊初代教会からアウグスティヌスにいたる使徒教父、ギリシャ教父、ラテン教父の神学についての文献
小高毅『オリゲネス』(清水書院、一九九二年)
半田元夫・今野國夫『キリスト教史Ⅰ』(山川出版、一九八一年)
K・リーゼンフーバー『西洋古代・中世哲学史』(平凡社、二〇〇三年)
＊キリスト教教父の著作
『キリスト教教父著作集』(全二二巻)(教文館)二〇一〇年五月現在、既刊は第一巻(ユスティノス)、第三巻(エイレナイオス)、第八、九巻(オリゲネス)、第一三、一四、一六巻(テルトゥリアヌス)。

第一〇講　アウグスティヌスの政治思想

一　アウグスティヌスのプロフィール

アウグスティヌス（三五四—四三〇）は、母モニカと父（異教徒）の間に北アフリカのタガステに生まれた。三七〇年にカルタゴで修辞学を学ぶ一方、放縦な生活を送り、放蕩に身を持ち崩し、女性と同棲し、息子も生まれた。三七三年に彼は、善悪二元論を説くマニ教に入信したが、三八六年に悪は善の欠如と主張する新プラトン主義の書物を読み、マニ教の教義から解放された。またミラノ司教アンブロシウスの説教を聞き、回心を経験する。三二歳の時である。三八七年、アンブロシウスから洗礼を受け、キリスト者になる。彼は、三八八年に『自由意志論』（三八八—三九五）を書き、自由意志を強調したアイルランドの修道士ペラギウスと論争し、人間の意志の腐敗と堕落、《恩寵のみ》による救いを強調した。彼は、三九一年にアフリカのヒッポで司祭となった。翌年の三九二年には、テオドシウス帝がキリスト教を国教とした年であり、また三九五年にはローマ帝国が東西に分裂した。この年、アウグスティヌスは、アフリカのヒッポ・レギウスの司教（現在のチュニジア）に就任した。彼は、マニ教徒、ドナティスト、ペラギウス派と論争し、カトリックの神学的基礎を築いた。

彼は、司教になってからキリストへの回心の自叙伝である『告白』（全一三巻。三九七—四〇〇年）を書いた。彼はこの書の第六巻で、ミラノの司教アンブロシウスの説教に触れて心の目が開かれたこと、第七巻で新プラトン主義に接してマニ教の霊肉二元論から解放されたこと、第八巻で真に回心し、キリストに全生涯を委ねる決心をしたことを書き記している。彼が回心するさいの決定的な聖書のことばは、「夜はふけて、昼が近づきました。ですから私たちは、やみのわざを打ち捨てて、光の武具を着けようではありませんか。遊興、酩酊、淫乱、好色、争い、ねたみの生活ではなく、昼間らしい、正しい生き方をしようではありませんか。主イエス・キリストを着なさい。肉の欲のために心を用いてはなりません。」（ローマ人への手紙一三章一二—一四節）であった。彼は、この聖書のことばによって、放蕩の生活から決別し、キリストに人生の方向を転換した。

四一〇年にローマ帝国へ西ゴート族が侵入したが、異教徒はこの時、ローマの陥落をローマの古来の神々を捨てたせいにして、キリスト教を攻撃した。こうしたローマ帝国の末期状況の中で、アウグスティヌスは、『神の国』（De Civitate Dei）を四一三年に書き始め、四二七年に完成した。彼は永遠の都ローマの崩壊の真の原因は、ローマの伝統的な神々を捨てたことではなく、ローマの罪に対する神の裁きにあることを明らかにした。四三〇年にヴァンダル族がヒッポを包囲したが、アウグスティヌスはヴァンダル族の叫びを聞きつつ、七六歳の生涯を閉じた。アウグスティヌスが四〇年かけて築いた教会も、フェニキア時代から港町として栄えたヒッポの町も崩壊したのである。

二　新プラトン主義とアウグスティヌス

新プラトン主義への共鳴

アウグスティヌスは、プロティノス（二〇五―二六九／二七〇）の新プラトン主義に触れることによって、マニ教の《善・悪二元論》から解放された。一体、プロチノスの思想とは何であり、それは、アウグスティヌスの神学体系にどのような影響を及ぼしたのであろうか。プロチノスの思想は、彼の弟子のポルフュリオスによって編集された『エンネアデス』に示されている。それによれば、中心的な観念は、すべての存在と価値の根源である《一者》（神）であり、この《一者》（神）から魂が流れ出し、また魂はその根源である《一者》（神）に戻り、この《一者》と合一するという。すべてのものは、《一者》（神）から発し、《一者》に帰るのである。この《一者》は、永遠で、不変で、完全なものである。

アウグスティヌスは、この《一者》への《魂の帰還》を自らの経験として次のように告白している。

「そこで私は、それらの書物から自分自身にたちかえるようにすすめられ、あなたに導かれながら、心の内奥にはいっていきました。――わたしはそこにはいっていき、何かしら魂の目のようなものによって、まさにその魂の目を越えたところ、すなわち精神を越えた所に不変の光を見ました。」（『告白』七巻一六）

これは、心の中に入っていくことによって神と出会うという《内なる超越》であり、魂そのものが神というわけではない。彼にとって、《内なる超越》を通して、神と出会い、神に帰還するのである。神に服従しない魂は、《転倒した意志》であった。

「そこで私は不義とは何かとたずねてみて、それが実在するものではなく、むしろ至高の実在である神、あなたからそむいて、もっとも低いものへと落ちていき、《内なる自己》を投げ捨てて、外部に向かってふくれあがってゆく転倒した意志に他ならないということを悟りました。」（『告白』七巻二二）

アウグスティヌスの『告白』は、新プラトニズムの思想に沿う形で、罪のゆえに神から離れている人間の魂が神を求めてさまよい、神に向かって回心し、神の中に永遠の休息を見出す、魂の遍歴を描いている。『告白』の冒頭の言葉が、本書のテーマを如実に示している。

「あなた（神）は、わたしたちを、ご自身にむけてお造りになりました。ですから私たちの心は、あなたのうちに憩うまで、安らぎを得ることはできないのです。」（『告白』一巻一）

アウグスティヌスにとって、新プラトン主義が神を知る知的障害を取り除いたことは間違いがない。彼は、『神の国』において、以下のように述べている。

「彼ら哲学者たちは、魂のすべての本性を越えている神、しばしば天と地という名称で呼ばれるこの見える世界のみならず、一切の魂を創造した神を認め、また理性的にして知性的な魂を自らの普遍にして非形体的な光にあずからせることによって、至福にするところの神を認めているからである。」（『神の国』八巻一）

アウグスティヌスによれば、新プラトン派の哲学者たちは、神が万物の創造者であり、真理の《照明者》であり、至福の付与者であることを認めている（『神の国』八巻五）。アウグスティヌスがプラトンから継承した考えが、《照明説》である。アウグスティヌスは、「神は、それにおいて、それを経て、それを通じて、知性に認識されるすべてのものが知性的に明らかとなる、知性の光である。」と述べている。プラトンは、《善のイデア》を知性の太陽にたとえ、《善のイデア》がそれに従属するもろもろのイデアを照らすと考えたが、アウグスティヌスは、神の光によって永遠の真理が人間の精神に対して開示されると考えた。これは、《自然的理性》によっては、人は永遠不変なものに到達できないからである。

新プラトン主義批判

しかし、アウグスティヌスは、新プラトン主義を無条件に受け入れたわけではない。彼は、『神の国』の第八―一〇巻において新プラトン主義に対する評価と批判を展開している。例えば新プラトン主義は、人間の魂を神と同一視する誤りを犯した（一〇巻三一）。また彼は、新プラトン主義者が頭では唯一神の存在を認めているにもかかわらず、実際には多くの神々を礼拝すべきであると考えたことを批判した（九巻一二）。また彼は新プラトン主義者のポルフュリオスの『魂の帰還』を読み、ポルフュリオスが、プラトンの《輪廻説》を批判したことを正当とみなしつつも、「人が至福となるためには、あらゆる身体から逃亡しなければならない」と考えるので、キリストの《受肉》も《復活》も否定してしまうと批判している。肉体蔑視は、キリスト教と相容れないものなのである。

また彼は、『告白』において、新プラトン主義の哲学が彼の回心をもたらしたものではないことを、以下のように述べている。

「こういうことは、哲学者の書物のうちには何も書いてありません。それらの書物のどのページをめくっても、信心深い顔は見当たりません。告白の涙も、あなたへのいけにえも、告白する霊も、痛悔し、へりくだる心も、御民の救いも、約束の保証である神の国も、聖霊の保証も、私たちの身代である血の杯もそこにはみあたりません。」（『神の国』七巻二一）

アウグスティヌスが《内的超越》によって神を見出すといっても、神と人との交わりを隔てている罪の《告白》と悔い改めなくして、それは不可能なのである。また彼にとって、人間を罪の支配から救い出すことのできるものは、神の《恩寵》と《聖霊の働き》のみであった。

私たちは、アウグスティヌスの神学的展開の中で、新プラトン主義とキリスト教、ヘレニズムとヘブライズムの総合の試みの一事例を見出すが、彼にとって重要であったのは、あくまでも聖書の真理の枠組みの中に新プラトン主義を組み入れることであって、そのプロセスにおいて新プラトン主義は変容を迫られるのである。

三　人間観

原罪

アウグスティヌスは、人間が神によって《神の似姿》(Imago Dei) として創造されたが、アダムとエバの堕落により人類に原罪が入り、人間は生まれながらにして、罪に支配されているとする。人間には善と悪を選ぶ自由意志は存在せず、意志そのものが罪によって腐敗しているのである。人間は罪を犯す自由しか存在しない。こうした人間を救いに導くのは、ただ神の《恩寵》のみである。アウグスティヌスは、『神の国』において、人間の《原罪》について次のように述べている。

「人類は最初の二人が不従順の結果死を招来したのでなかったならば、誰一人死ぬことはなかったであろう。彼等の犯した罪はまことに大きく、その罪によって人間本性は劣ったものへと変えられ、かつこの劣った本性が、罪の拘束と死の必然のもとで子孫までも伝達されたのである。そして死の王国は、人間たちの中に深く支配をおろし、そのためすべての人は、神の無償の恩恵によって解放されない限り、罪の価としての罰によって、終わりのない第二の死に真っさかさまにつき落とされるに至るのである。」(『神の国』一四巻一)

また彼は自分の魂の軌跡を綴った『告白』において、《原罪》のくびきについて語り、罪の奴隷の状態にある自らの姿を次のように告白している。

「敵（悪魔）は、私の意志の働きを抑え、それによって鎖をつくりがんじがらめにしてしまいました。実際、転倒した意志から情欲が生じ、情欲に仕えているうちに習慣ができ、習慣にさからわずにいるうちにそれは必然となってしまったのです。これらのものは、いわば小さな輪のように互につながりあって——だから鎖と呼んだのです——私をとらえ、拘束してつらい奴隷の状態にしてしまいました。」（『告白』八巻五）

またアウグスティヌスは、罪人たる人間は、《ただ神の恵みによって》罪から解放され、善を意志し、神のみこころにかなうように変えられていくと主張した。彼は、「意志そのものが神の恩寵によって奴隷状態から解放され、悪を克服する助けが与えられなければ、死すべき人間は正しく敬虔に生きることはできない」と述べている。

自由意志か奴隷意志か

アウグスティヌスは、ペラギウス（三六〇—四二〇）やその一派と実に二〇年にもわたって《自由意志》をめぐる論争をおこなった。人間の《自由意志》と自律的な道徳的責任を信じるペラギウス派は、理性と道徳を重んじるストア派の影響を受けていたが、アウグスティヌスは自らの経験を通して、また聖書に親しむにつれて、《原罪》や罪の影響力を軽んじるペラギウスの教説と対決せざるをえなかった。アウグスティヌスはキケロをよく読んでいたが、キケロの人間理解を共有しなかった。《恩寵》を強調する点においてアウグスティヌスはパウロの弟子であり、後のルターの師でもあった。

四　『神の国』の成立の歴史的背景と構成

四一〇年アラリック率いる西ゴート族はローマに侵入し、略奪の限りを尽くした。この事件は《永遠の都》として八〇〇年近く異民族の侵入を許さなかったローマの威信を根底から揺り動かした。『神の国』は、この挑戦に応じた書物であり、「国家および人類社会一般のキリスト教的諸原理に対する関係を公然と主張したキリスト教古代唯一の大著」である。本書は、ローマの崩壊は、先祖の神を捨てて、国教をキリスト教にしたというキリスト教批判に対する弁護の書である。テオドシウス帝は、三八四年に勅令を発し、ローマの古代の神々への礼拝を禁止し、キリスト教を国教と定めた。ローマ帝国は《永遠》であると思っていたにもかかわらず、ローマの崩壊の兆候を感じ取った非キリスト教徒は、その原因をキリスト教を採用したことに対するローマの神々の裁きと主張した。アウグスティヌスは、キリストの誕生以前においてもローマは多くの災害をこうむっていたが、ローマの神々はそのような災害からローマを守ることはできなかったと皮肉っている。

ところで、キリスト者は、神の摂理の視点からローマ帝国をどのように位置づけていただろうか。これには二つの相異なる見解があった。第一は、《ローマの平和》(Pax Romana) の中に神の摂理を見て、ローマ帝国を積極的に評価する立場である。例えば、アレクサンドリア学派の総師オリゲネス(一八五—二五四)、教会史家でオリゲネスの孫弟子のカイザリアのエウセビオス(二六〇／六五—三三九)、アウグスティヌスの師アンブロシウス、ヒエロニムスがそうである。特にエウセビオスは、迫害を終わらせたコンスタンティヌス皇帝の統治するローマ帝国を、地上における神の支配の《模像》とみなした。

これに対して、ヒッポリュトス(一七〇—二三五／三六)は、『ダニエル書注解』を書き、ローマ帝国はダニエル書に出てくる第四の生き物であり、キリストによって滅ぼされるべき《反キリスト》であると論じた。また迫害で殉教した二人のラテン教父であるテルトゥリアヌスとキュプリアヌスも終末論的な傾向が顕著であり、ローマ帝国を《反キリスト》と結び合わせて論じた。彼らの時代はまだキリスト教が迫害されていた時代であったから、このローマ帝国への評価は納得がいく。

アウグスティヌスの立場は、どちらかといえば、後者に近い。初代教会の終末論と《神の国》に対する期待は、約三世紀を経たアウグスティヌスによっても生き生きと継承されている。古代から中世への移行期に生きたアウグスティヌスは、四一〇年の西ゴート族の侵入によってローマ帝国の危機を目撃した。永遠の都ローマが異民族によって侵入され破壊される様は、同時代人にとって驚愕すべき出来事であった。新旧約聖書のラテン語訳である「ウルガータ聖書」を完成し、当時ベツレヘムの修道院で『エゼキエル書注解』を執筆中であったヒエロニムスは、その序文においてこの衝撃を次のように述べている。

「多くの兄弟や姉妹が永眠した。私はひどく落胆し、昼も夜も救いのことだけを考えた。私は、我が身も聖徒とともに囚われの身であると思った。私は一層の確信を持って語ることができるまでは、口を開くこともできなかった。希望と絶望との間を彷徨い、私は人々の不幸によって苦しみを受けている。全世界のもっとも輝かしい光がかき消され、ローマ帝国がその首をはねられたとき、もっと正確に言えば、全世界がこの一つの都市のうちに滅亡した時、『私は黙して物言わず、むなしく沈黙を守った。しかし私の悩みはさらにひどくなり、私の心は私のうちに熱し、思い続けるほどに火が燃えたので、私は舌をもって語った。』」

こうした状況の中で、アウグスティヌスは、『神の国』(De Civitas Dei) を書き、《神の国》(civitas Dei) と《地の国》(civitas terrera) の対立を説き、たとえ《地の国》は滅びても、キリストの到来によって始まった《神の国》は歴史の終わりに実現するとする《終末論》を展開した。《神の国》の構成は次の通りである。

第一部 「異教徒に対して」

第一—五巻　この世の災害は神々をなおざりにした結果ではないこと
第六—一〇巻　この世の安全も神々を礼拝することによっては得られない
第二部「二つの国」
第一一—一四巻　その起源について
第一五—一八巻　その発展について
(1)アダムとエバからノアの洪水まで　セツの家系
(2)ノアからアブラハムまで　セムの家系
(3)アブラハムからダビデまで　イサクの家系
(4)ダビデからキリストまで
第一九—二二巻　その当然の終局について

まさに第二部は、神の創造から始まり、最後の審判までの神の摂理が荘大に展開される歴史ドラマである。旧約聖書と新約聖書の全体が読む者の心にパノラマのように迫ってくる歴史哲学が展開されている。

五　神の国と地の国

円環的時間概念批判

アウグスティヌスが、『神の国』において展開しているのは、古典古代の《円環的な》歴史概念とは異なる《直線的な》歴史概念であり、永遠に続く秩序ではなく、終わりがある《終末論的な》歴史観である。アウグスティヌスは、『神の国』の第一二巻の中で、古代の《循環的》世界観や《円環的》歴史概念を鋭く批判した。

「この世の哲学者たちの考えによれば、この問題は時代の《周期的循環》の考えを導入しなければ解決できず、またそのようにしてのみ解決すべきであるという。宇宙全体がその循環の中で常に同じ姿に新しくされ反復され、そのようにして過ぎ去って現れる時代の回転が休みなく続くのだ、とかれらは主張した。その循環は永久に続く宇宙の中で行われるか、あるいは一定の周期ごとに常に同じ宇宙が消えては現れるのに、それが過ぎ去った後にやがておこるだろう新しいものの姿を呈するのであると言う。――このような《円環》をさまよっている連中が、入口も出口も見だせなかったとしても、何の不思議があるだろうか。彼らは、人類と現在のわたしたちの可死性がどんな仕方で始まり、どんな仕方で終わるのか、知らないのである。」（『神の国』第一二巻第一四―一五章）

《円環的な》歴史概念においては、人間の罪の救済に対する神の摂理は存在しないし、一回限りのキリストの十字架の救いも意味を持たない。歴史の《目的》(telos)と《完成》(finis)も存在しなくなる。それに対してユダヤ‐キリスト教的なヘブライズムの時間、歴史概念は、終末に向かって《直線的に》進み、神の救済史が展開するのである。

「神の国」と「地の国」

アウグスティヌスは、世界史を《神の国》と《地の国》の闘いとして描いている。《神の国》とは、神への愛に生きる集団であり、《地の国》とは、自己愛に生きる集団、つまり欲望に従って生きる集団であり、そこには不和、闘争、戦争が必然的に生じることとなる。

「聖書にしたがって二つの国と呼ぶことのできる二つの人間社会しか存在しない。一つは肉に従って生きる人々からなる国であり、もう一つは霊に従って生きる人々からなる国である。」(『神の国』第一四巻第一章)

聖書においては《肉》が肉体という意味と肉の欲望という二つの意味で用いられているが、ここでは後者の意味である。《霊》にしたがって生きるとは聖霊の導きに従って生きることを意味する。まさに肉と聖霊は対立するのである。「肉に従う者は肉的なことをもっぱら考えますが、御霊に従う者は御霊に属することをひたすら考えます。肉の思いは死であり、御霊による思いは、いのちと平安です。」（ローマ人への手紙八章五―六節）アウグスティヌスは、肉と霊との対立をまた《自己愛》と《神への愛》に置き換えている。

「わたしたちが問題にしている二つの国を区別する大きな差異が存在する。一方は信仰深い人々の交わりであり、他方は不信心な人々の交わりであって、それぞれの天使がこれに奉仕している。一方においては《神への愛》が支配し、他方においては《自己愛》が支配する。」（『神の国』第一四巻第一三章）

《肉》に従って生きるとは欲望にしたがって生きることであり、それは互いの間に不和・闘争・戦争を引き起こす。霊に従い、神への愛によって生きる人々は、自分の肉の欲ではなく、神の愛と隣人愛に従う人々である。《地の国》と《神の国》は、互いに対立する原理によって展開する。《地の国》には、国家が属し、《神の国》には、神を愛する人々の群れが属する。ただし、《神の国》に属する人々も、神を礼拝し、信仰生活を送るために《地上の平和》を必要としているので、国家の法秩序や強制秩序を尊重する。

教会と国家

もちろんアウグスティヌスにとって、《神の国》と《地の国》は直接的に《教会》と《国家》との関係に結びかない。《神の国》の概念は時間と空間を越えており、天使たち、すでに死んで天国にいる聖徒、地上に生きている聖徒を包括した《不可視的な》共同体であり、地上の《可視的な》教会ではない。また《地の国》もサタンや悪霊、すでに死んで地獄にいる人々、今救われていない人々を包括する概念である。《可視的な》教会はそのまま《神の国》ではない。《可視的な》教会に属している多くの人々が《自己愛》に生きる《地の国》のメンバーであることもありうる。また今《地の国》に生きている人も将来《神の国》に移されることもありうる。《最後の審判》までは、この《現世》(saeculum)においては、《神の国》と《地の国》はまじり合って進むのである。

「神の国はこの世に寄留している限り、その所属する民の数の中にはサクラメントの交わりに与りながらも、聖徒たちの受ける永遠の嗣業を将来共にすることのない者たちが含まれているのである。——最後の審判が分けるまでは、これら二つの国は、この世の中にあっては互に絡み合い、混合している。」(『神の国』第一巻第三五章)

しかし同時に《可視的な》教会は、《神の国》を不完全な形で現わしている共同体でもあった。

「今でも教会は、キリストの王国、また天国である。聖徒は今でもすでにキリストと共に世を治めているが、まだ終わりの時のようではない。」（『神の国』第二〇巻第九章、傍点筆者）

《神の国》とは《神の支配》という意味であり、それは不完全であるが部分的に《すでに》実現されているものであり、かつ《将来》、完全な形で実現されるものであった。

アウグスティヌスにとって、《教会》は《神の国》の完全な現われではなかったにもかかわらず、古典古代の人々がpolisやcivitasという言葉によって表現していた以上の《共同体》であり、神を愛する人々の集まりであった。

この二つの《神の国》と《地の国》、《教会》と《国家》との対立は、終末論の中に位置づけられて展開し、ローマの陥落も、《神の国》の完全な到来にむかって進展する壮大な救済史の中に位置づけられている。旧約の時代においても、アッシリア帝国、バビロン帝国、ペルシャ帝国といった《地の国》は神の審判によって滅亡したが、当時の人々が《永遠のローマ》に囚われて、ローマの崩壊を嘆き悲しんでいたのに対して、彼は終末論的な《神の国》のヴィジョンの中で、ローマに対する神の審判を見たのである。アウグスティヌスにとって《神の国》の住民は、この地上では、《寄留者》であり、旅人である。「私たちは、この地上に永遠の都を持っているのではなく、むしろ後に来ようとしている都を求めているのです。」（ヘブル人への手紙一三章一四節）とあるように、キリスト者は、《巡礼する神の国》（civitas

Dei peregrine）なのである。彼は、ローマ帝国の盛衰という《地の国》の出来事の背後に、神の御手を見て、来るべき《神の国》を待ち望んだのである。

六　法概念——永久法、自然法、人定法

永久法

神の創造は、世界を神の摂理と《永久法》（lex aeterna）によって秩序づけた。《永久法》は、「神の理性ないし神の意志であり、自然の秩序を保持することを命じ、またこれを妨げることを禁じるものである。」アウグスティヌスは、神的な永遠の法が宇宙を支配しているとするストア派の思想を継承しつつ、それを神の意志や摂理に結びつけたのである。

自然法

《自然法》（lex naturalis）は、人間が理性によって発見できる「良心の中に書き記された永久法」、「魂の中に写し取られた永久法」である。しかし、アダムとエバの堕落によって人類に罪が入り、生まれながらにして腐敗した罪の性質を持っている人間は、この《自然法》を認識しうるが、守ることができない。アウグスティヌスにとって、《自然法》とは、第一に、自ら受けたくないと思うことを人に対して

しないこと、第二に神や人々に「各人に各人のもの」を帰すことである。それによって、殺人、窃盗、詐欺といった行為が禁止されていることを知ることができるし、神にふさわしい栄誉を帰さない人間は、《自然法規範》から逸脱していることとなる。《自然法》は道徳的規範として、善悪を識別する基準を与える。それは、旧約のモーセの十戒や福音書のキリストの教えに先立って存在するものである。しかし、罪の影響によって《自然法》が遵守できない状態においては、一定の平和と秩序を可能とする《人定法》(lex humana) が必要となる。物理的な権力によって実効性を持つ《人定法》こそ、秩序の達成のために不可欠である。

七　強制秩序としての国家

アウグスティヌスにおいては、《神の国》の優越が説かれ、《地の国》が人間の罪が支配する所とみなされることによって、古典古代の伝統的な civitas 概念が有する《自由と自治》、《共通善》の要素が失われてしまう。アウグスティヌスにとって、国家はもはや古典古代のような《徳の共同体》ではなく、罪の結果として要請される強制的秩序であった。アウグスティヌスは、civitas と imperium の区別をしないで、ローマ、エジプト、バビロン、ギリシャの国家は《正義》を欠如しているが、それにもかかわらず国家であったといっている。その場合の civitas は、もはや《自由と自治》の意味の civitas ではなく、人間の罪の処罰ないし矯正として必要とされる《矯正秩序》であった。したがってギリシャや共和制ローマが保持していた《帝政》や《専制》に反対するcivitas概念は消失してしまうことになる。この点においてアウグスティヌスの国家観は、近代の国家観を先取りしていたと言えなくもない。それは、マキァヴェリやウェーバーに通じる、政治的リアリズムの表明であり、国家は、もろもろの悪から人間の集団生活を守る防波堤であり、《必要悪》としての支配機構である。こうした強制的機構としての国家や《支配》(dominatio) は後にトマスが述べるように《創造の秩序》ではなく、《罪の所産》であった。《創造の秩序》においては、人間が家畜を支配することはあっても、人間が人間を支配することはないからである。アウグスティヌスは、「神が最初に人間を創造したときの本性によっては、誰も人間の奴隷ではなく、また罪の奴隷ではない。」(『神の国』第一九巻第一五章) と述べている。もし堕落がなかったならば、国家、また国家と関連する刑罰、抑圧、強制の装置は存在しえなかった。アウグスティヌスが《罪の所産》として考えているのは国家の他に、戦争、私有財産制度、奴隷制度などである。これは、後に触れるトマスと比較すると興味深い。アウグスティヌスによれば、人間は本性上《社交的》ではあるが、《政治的》ではない。人間が本来平等で、神以外の支配を受けないことが創造本来の人間の姿であった。堕落した人間は、人を支配したいという欲求 (libido dominandi) に取りつかれてしまったのである。こうした支配衝動が国家や戦争の推進力であった。国家はアリストテレスが言うように、人間本性の《自然的な》所産や、人間の資質の自然的な表現ではなく、罪の所産なのである。

古典古代の civitas 概念において存在していた自由、平等、正義、友愛は、《神の国》(civitas Dei) に移され、そこにおいてはじめて《神の愛》(アガペー) によって実現される。まさに《神の国》とは、「神を享受するものによって成り立ち、神にあって相互に楽しみ合うところの、完全な仕方で秩序づけられ、和合一致せられた共同体」なのである。アウグスティヌスにとって、古典古代の自由で平等な倫理的共同体としてのポリスやキウィタスの理想は、罪を贖われ、《神の支配》を受け入れ、《神への愛》に生きる人々の集いにおいてのみ可能となる。

次にアウグスティヌスが正義をどのように考えたかを考察してみることにしよう。ここでもプラトン→アリストテレス→キケロと続いてきた《正義》概念がキリスト教によって大きな変容を被っていることが明らかとなる。

八　正義概念

異教徒への弁明

ローマの異教徒は、ローマ帝国の滅亡の原因をローマが伝統的な神々を捨て、キリスト教を採用したことにあると主張したが、アウグスティヌスはそれとは逆にローマが生ける唯一神に背を向けて、罪を犯し続けたからであると訴えた。

「ローマの道徳心は次第に衰退し、ついには全く崩壊するに至った。家屋や城壁は、そのまま残ったが、国家そのものは完全に滅亡してしまった。多くの代表的作家がその時に国がまったく滅び去ったと断言してはばからない。」（『神の国』第二巻第二一章、傍点筆者）

しかし、アウグスティヌスはこれに加えて、伝統的なローマの神々はこのようなローマの堕落を防止するいかなる手立ても行わなかったと述べ、ローマの神々の無力さを指摘することによって異教徒の批判に対する弁明を行っている。

「もし神々がローマに良き生活と正義に関する規範を与え、その上でローマがそれらを無視していたのであれば、すべての神々はローマが滅びるのにまかせて当然であったであろう。しかしあえて私は問う。もし神々にしてその礼拝者たちの生活が邪悪であることに気付きながらも、正しい生き方を教えず、彼等とともに留まることを欲しないとしたら、それはいったいどのような種類の神々であろうか」（『神の国』第二巻第二二章）。

神の正義

アウグスティヌスにとって、個人の魂における《正義》とは、プラトンと同様に正しい秩序である。

ただこの秩序の中心は神である。神→精神→肉体、ないし神→理性→欲望の秩序があり、精神が肉体を支配し、理性が欲望に勝つためには、精神や理性が神の導きに従うことが重要であった。神に背を向けた諸個人からなる社会に《正義》が見出されないのは当然であると彼は考えた。

「しかしもし人が神に従わない時には、どのような正義をそのうちに期待できるだろうか。精神が神に従わない時には、肉体を正しく治めることはできないし、人間の理性も悪徳に打ち勝つことはできない。そのような個人の中に正義が存しないとすれば、このような個人からなっている社会には何の正義も存し得ないことは確かである。ここには群集を人民とする《法への同意》が存在しないからである。実はそれだけが国家（res publica）を作り上げるのである。」（『神の国』第一九巻第二一章）

ところで、アウグスティヌスがローマ帝国の運命を論じる時に参照したのがキケロの『国家』であった。アウグスティヌスはキケロを愛読していた。アウグスティヌスは、キケロの res publica の定義を引き合いに出しながら、法や正義による同意によって構成される共和国には、当然《神の正義》がなければならないし、それがなければ res publica とは言えないと述べている。

「私は、適当な箇所で、キケロ自身の国家や人民の定義に従えば、――ローマは真の正義を有しなかったので、決して真の共和国ではなかったことを証示しようと思う。広く受け入れられている定義に従うならば、ローマが一種の res publica だったことに疑いは存しない。――しかし、キリストがその建設者、また統治者であるような国でなければ、《真の正義》というものは現実に存し得ないのである。……『神の都よ、あなたについてもろもろの光栄ある事が語られる』（詩篇八七篇三節）と言われているあの都には、真の正義が存すると言うことができよう。」（『神の国』第一巻第二一章）

つまるところ、ローマはキケロが定義した、法や正義についての合意も、共通の利益も有していなかったのである。

「キケロの res publica 論の中にあるスキピオの定義に従えば、ローマは決して res publica ではなかったことを説明しよう。彼は res publica を共同の福祉と定義している。もしもそれが本当なら、ローマは決して res publica ではなかった。なぜなら、それは決して一般人民の福祉のためではなかったからである。さらに彼は、人民を法への同意と、共通の利益によって結ばれた群衆と定義している。法への同意という言葉によって彼は、正義を抜きにしては res publica は存在しえないということを言おうとしたのである。正義のないところには法もないのである。法にのっとってなされたことは正しい。――しかし、もしも人が神に仕えようとしないときには、どのような正義をそのうちに期待できるだろうか。」（『神の国』第一九巻第二一章、傍点筆者）

《各人に各人のものを》が正義の定義であるとするならば、神にふさわしい当然の礼拝を捧げないことは、不正であり、正義は存在しないことになる。しかし、正義や共通の利益が存在しないことはローマに限られたことではなかった。《神の正義》が省みられない国家においてはどこにおいてもそうであった。

「しかし、ローマ人とその国家について述べたことは、同様にアテネ市民や他のギリシャ人、エジプト人、かの古バビロニア、すなわちアッシリア人にも、その統治した領国の大小に関わりなく妥当する。一般的に言って、神の支配が知られず、唯一の神以外にも犠牲が捧げられ、精神が効果的に肉体を、理性が悪徳を支配しないようなところには、真の正義は見出されない。」（『神の国』第一九巻第二三章、傍点筆者）

アウグスティヌスは、キケロが国家の不可欠なものとして要請した正義概念を《神の正義》と読み替え、こうした正義を既存の国家は満たすことができないとして、国家の定義から正義を捨象する。しかしそうなると、国家は強盗団と同じものとなる。「正義が存在しない時、王国は盗賊の大集団以外の何物でもなく、またそのような大集団は王国の萌芽以外の何物でもない。」（『神の国』第四巻第四章）かつてアレクサンダー大王に捕らえられた海賊は、大王に対してこう答えた。「私は陛下が全世界を騒がせているのとまったく同じことをしています。私は小舟を操ってこれをなすので海賊と呼ばれ、陛下は大艦隊を率いてこれをなさるので、皇帝と呼ばれるだけのことです」（『神の国』第四巻第四章）。《偶像崇拝》が行われ、唯一の神が礼拝されていない所では必然的に道徳は退廃し、国は崩壊に向かう。《神の正義》が存在しなければ、盗賊の集団と皇帝陛下の支配する国家とを区別することはできない。

とはいえ、すでに述べたように、国家が矯正の秩序として、一時的で不安定ではあるがキリスト者が平和のうちに過ごす環境を創出することも事実である。国家がなければ、この世界は無秩序と化してしまうであろう。「天の国すら地上において寄留している間は地上の平和を用いる」（『神の国』第一九巻第一七章）のであり、「天の国、あるいはむしろこの死すべき世において寄留し、信仰によって生きている天の国の一部分は、地上の平和を必要とするこの死すべき世が過ぎ去るまで、地上の平和も必要なものとして用いる」（『神の国』第一九巻第一七章）のである。

国家と信仰の強制

しかし、アウグスティヌスは政治権力を単に《罪の矯正》として位置づけるのみならず、より積極的に信仰を奨励するものとして位置づけた。

「彼等（クリスチャンの統治者）が正しく統治するならば、彼等を幸福な者と呼ぶのである。――またかれらが神を畏れ、愛し、礼拝するならば、――また敵意から生じる憎悪を満足させるためではなく、国家を支配し、かつ擁護するための必要から罰を加えるのであるならば、――私は彼らを幸福な者と呼ぶのである」（『神の国』第五巻第二四章）。

アウグスティヌスは、その例としてテオドシウス帝の名前を挙げ、「彼は、その統治の初めからきわめて正しくかつあわれみに富んだ法律によって、不敬虔な者たちに対して苦労している教会を助けて止まなかった。」（『神の国』第五巻第二六章）と述べている。周知のようにテオドシウス帝（三四六―三九五）は、キリスト教を国教とし、異教礼拝を全面的に禁止した皇帝であった。このように、アウグスティヌスは、国家が単に平和を樹立するのみならず、キリスト教を奨励し、教会を助ける役割を期待したのである。

彼は《異端》を国家権力を用いて弾圧することさえ最終的に承認した。それはドナティストに対する彼の戦いにおいて示された。ドナティストは、四、五世紀にかけて北アフリカで盛んになったキリスト教分派で、ローマ帝国の迫害の時に棄教した司教が執行した秘蹟の有効性を否定して、カトリック教会やローマ皇帝に対立した。この派の指導者ドナトゥスの名にちなんでドナティストと呼ばれた。アウグスティヌスは、当初は説得によってドナティストをカトリック教会に引き戻そうとしたが失敗し、最終的に四一一年六月のカルタゴ公会議において、カトリック教会が唯一の正統的な教会であり、その秘蹟に異議を唱え続けるドナティストを異端として処罰すべきと宣言した。彼は物理的権力を用いても、《異端》であるドナティストを正しい信仰に戻すことをためらわなかった。ペテロ以来の使徒の権威を継承しているカトリック教会の《普遍性》《正統性》《使徒性》《一体性》を破壊するドナティストは、アウグスティヌスにとって《寛容》の対象外であった。

僭主への抵抗権

ところで、アウグスティヌスは、世俗的な権力が悪魔化した時に、キリスト者はどのように行動すべきと考えたであろうか。ネロやドミティアヌス、あるいは背教者ユリアヌスが皇帝となり、キリスト教を迫害し、教会を弾圧するならば、キリスト者は権力に対してどのような態度をとるべきか、この問題に関してアウグスティヌスは皇帝に対する抵抗権を認めていない。「カイザルのものはカイザルに、神のものは神に」をモットーとする彼は、信仰の問題においては皇帝の不当な命令に対する不服従を要請するが、それ以外の領域においては「上に建てられた権威に従う」ことを求めるのである。彼はネロについてさえも次のように述べている。

「悪徳の頂点に、またいわば頂上に最初にのぼったのは皇帝ネロであった。――神が人の世のことをそのような支配者たちに委ねるのがふさわしいと判断したもう時には、このような者たちにも、ただ至高の神の摂理によってのみ支配権は与えられたのである」（『神の国』第五巻第一九章）。

こうしたアウグスティヌスの見解は、専制化した為政者に対する民衆の抵抗権を認めるトマスと対照的であるといえよう。

九　アウグスティヌスの影響

古代末期から中世にかけて生きたアウグスティヌスの死からトマス・アクィナスの誕生までは、約八〇〇年の年月が経過している。中世は、西ローマ帝国の滅亡（四七六年）によって五〇〇年前後に始まり、ゲルマン諸民族が政治・社会の担い手となり、約一〇〇〇年続く。もはや地中海世界ではなく、ゲルマン世界が歴史の表舞台として登場することになる。しかし中世においてもアウグスティヌスの思想は、神学者や哲学者に多大な影響を及ぼし続けた。それは、新プラトン主義の《照明説》に依拠した神の恩寵や啓示を強調する立場であった。初期スコラ哲学の創始者となったカンタベリーのアンセルムス（一〇三三—一一〇九）、サン・ヴィクトル修道院の学者たち、クレールヴォーのベルナール（一〇九一—一一五三）などがアウグスティヌスの立場を継承した。例えば、アンセルムスは、アウグスティヌスの「汝が知解するために信ぜよ」(credo ut intellegas) という言葉に導かれて、「知解せんがために我信ず」(credo ut intelligam) という立場を確立した。この場合の《知解》とは、信仰において認知され肯定された真理を心において読み取ることを意味していた。ここにおいては《自然的理性》が《信仰》や《恩寵》とは別に働く余地は存在しない。しかし、一三世紀になると、トマス・アクィナスがアリストテレス哲学をキリスト教神学の中に組み込み、《自然》と《恩寵》を調和的に理解する立場を確立する。しかしその中でも、ボナヴェントゥラ（一二二一—一二七四）やロジャー・ベーコン（一二一四—一二九二）は、トマスに対抗し、アウグスティヌス主義の立場に立ち続け、一四世紀に入ってもドゥンス・スコトゥス（一二〇六—一三〇八）やオッカムのウィリアム（一二八五—一三四九）は、アウグスティヌス主義をその思想の根底に持ち続けたのである。宗教改革を行い、アリストテレスを糾弾したマルチン・ルターも、アウグスティヌス修道会の修道士であった。

〔参考文献〕

＊アウグスティヌスの著作

『神の国』縮小版（出村彰訳、日本基督教団出版局、一九七五年）
『ペラギウス派駁論集』（1）（2）（『アウグスティヌス著作集』第九、一〇巻、第九巻一九七九年、第一〇巻一九八五年）
『神の国』（『アウグスティヌス著作集』第一一―一五巻、教文館、一九八〇―一九八三年）
『ドナティスト駁論集』（『アウグスティヌス著作集』第八巻、教文館、一九八四年）
『告白』（『世界の名著16　アウグスティヌス』〔中央公論新社、一九九三年〕所収）
『神の国』（全五巻）（服部英次訳、岩波文庫、二〇〇六年）
〔なお『神の国』の英訳は Augustine, *The City of God against the Pagans*, edited and translated by R. W. Dyson, Cambridge University Press, 1998 を参照した。〕
＊プロティノスの著作
『プロティノス、ボルピュリオス、プロクロス』（『世界の名著15』〔中央公論社、一九九三年〕）
『エネアデス（抄）』Ⅰ、Ⅱ（田中美知太郎・水地宗明・田之頭安彦訳、中央公論新社、二〇〇七年）
＊アウグスティヌスの入門書
岩下壮一『中世哲学思想史研究』（岩波書店、一九九五年）
金子晴勇編『アウグスチヌスを学ぶ人のために』（世界思想社、一九九三年）
柴田平三郎『アウグスティヌスの政治思想』（未來社、一九八五年）
E・ジルソン　『神の国論』（行路社、一九九五年）
服部英二郎『アウグスチヌス』（勁草書房、一九九七年）
宮谷宣史『アウグスチヌス』（講談社学術文庫、二〇〇四年）
＊アンセルムスの入門書
印具徹『アンセルムスの生涯』（中央出版社、一九八九年）

第一一講　トマス・アクィナスの政治思想

一　トマス・アクィナスのプロフィール

トマス（一二二五—一二七四）は、ナポリとローマの中間のアクィノという大貴族の家の三男に生まれた。一二三〇年にモンテカッシーノのベネディクト修道院に送られ、一二三九年にナポリ大学に入学し、アリストテレス哲学を学ぶ。当時ナポリ大学は、アリストテレス研究の中心地であった。またこの時期、ドミニコ会と接触、一二四四年にナポリで家族の強い反対を押し切って、ドミニコ会に入会した。ドミニコ会は、スペイン出身の聖ドミニコ（一一七一—一二二一）によって創設された「説教者修道会」で、アッシジの聖フランシスコ（一一八一—一二二六）を指導者とする「小さき兄弟修道会」（フランシスコ会）と並んで一三世紀における福音的運動の主要な推進力であった。彼が福音の清貧に生きる修道会に加わったことは、彼の真理探究が彼の生活実践と分かちがたく結びついていることを示している。

彼は、一二四五年からパリ大学で、アルベルトゥス・マグナス（一二〇〇頃―一二八〇）の下で学んだ。一二四八年にマグナスに従ってケルンに移り、一二五〇年に司祭になり、一二五二年にパリに移り、『命題論集講解』の著作を書き始める。一二五六年にパリ大学神学部の教授となる。フランシスコ会に属するボナヴェントゥラ（一二二一―一二七四）も一二五三年にパリ大学神学部の教授に就任していた。彼は、一三世紀の神学においてトマスと双璧をなす神学者であった。彼は、アウグスティヌス神学に忠実であったため、アリストテレスの受容をめぐっては、トマスと対立した。トマスは、パリ大学神学教授時代に、パリ大学から托鉢修道会に属する教授を追放しようとする勢力、また反アリストテレス主義者、そしてアヴェロイズムといった異端的アリストテレス主義と三重の戦いを行ったのである。

彼は、一二五九年に異教徒に対してキリストの福音を弁証した『対異教徒大全』（Summa contra Gentiles）（全四巻。第一巻「神」、第二巻「創造」、第三巻「摂理」、第四巻「救い」。一二五九―一二六四年）を書き始める。一説によると、この書は、スペインでイスラム教徒に対する宣教活動を行っている同志の求めに応じて書かれたキリスト教弁護論であった。この年、彼は、パリ大学を辞めて、ナポリに帰る。ちなみに翌年の一二六〇年にアリストテレスの『政治学』のラテン語訳が出版されている。一二六五年に『神学大全』（Summa theologae）を書き始めて、第一部（一二六五―一二六八）、第二部（一二六八―一二七二）と書きあげたが、第三部は未完に終わっている。一二六七年には『君主の統治について――謹んでキプロス王に捧げる』（De Regmine Principum）が公刊される。一二六九年に再び、パリ大学神学教授に就任し、アリストテレスの『形而上学』『政治学』や『倫理学』などの注解書を書いた。一二七二年にパリ大学教授を辞職し、ナポリに帰り、ドミニコ会の神学大学を創設した。一二七四年にリヨンの公会議出席のための旅の途中で死去した。四九歳の若さであった。死後一二七七年にトマスの学説が断罪されるが、その後名誉回復されて、一三二三年にトマスは、聖人の列に加えられている。トマスは死の直前に次のように語ったと伝えられている。「わが魂の贖いの価にしてわが旅路の糧であるキリストよ、いま私はあなたを受けたてまつる。わたしが学び、夜を徹して目覚め、労苦したのは、すべてあなたの愛のためであった。」この言葉は、トマスの神学的試みの原動力、そしてトマスの生涯の目的を言い当てて余りある。

二　アリストテレス復興

トマスの生きた一三世紀は、アリストテレスの著作の発見と同時期である。アリストテレスは、アヴェロエス（一一二六—一一九八）のようなイスラム哲学者を通して、西欧中世に導入された。アリストテレスはアラビア世界においていちはやく研究されていたのである。ナポリ大学でトマスにアリストテレスを教えた教授たちは、アヴェロエスを知っていた。アヴェロエスの注解は、アリストテレスの原文を逐語的に説明し、重要な用語、概念、問題点について説明を加えるものであった。トマスの師アルベルトゥス・マグナスは、アリストテレス復興の中心的人物であった。実は、一二一〇年以来、教会はアリストテレスの研究、教授を禁止していた。教会に危険な学説と判断したからである。それは、アリストテレスが世界の《永遠説》（創造の否定）、神の《超越》ではなく神の《内在》、人間の自由意思の否定、霊魂の単一論を主張しているので、キリスト教の教義と相容れないと判断したからである。しかし一二三一年に教皇グレゴリウス九世（一一二七―一二四一）は、アリストテレス研究をパリ大学教授に依頼し、アリストテレス主義とキリスト教の調和を見出そうとした。ところで、アリストテレスの論理学に関する著作は、すでにボエティウス（四八〇―五二五）のラテン語翻訳があったが、『自然学』『形而上学』『ニコマコス倫理学』『政治学』が翻訳され、学ばれるようになったのは一三世紀になってからであった。トマスは、アリストテレスの著作の注解書を書いたのみならず、アリストテレスを導入して彼独自の神学体系を築き上げた。つまりアリストテレスと西欧キリスト教を総合しようと試みたのである。それはまた、ヘレニズムとヘブライズムの総合の試みであった。

しかし、キリスト教をアリストテレス哲学と架橋しようとする試みに反対した神学者もいた。すでに述べたボナヴェントゥラ（一二二一―一二七四）がそうである。坂口昂吉著『中世の人間観と歴史――フランシスコ・ヨアキム・ボナヴェントゥラ』によれば、彼は、『十戒講話』において、次のように述べている。「私が学生であった時、アリストテレスについて、彼が世界を永遠なるものと考えていると聞き、またこれをめぐっておこなわれている理拠と論証を聞いた時、私の心は攪乱され、どうしてかかることがあるかと思ったものである。」

ボナヴェントゥラは、晩年には、歴史神学、《終末論》の立場からアリストテレスの《世界永遠説》を攻撃した。彼は、《自然的理性》の自律性を攻撃した。理性は神によって与えられたものであり、認識の一手段であるが、《自然的理性》は《原罪》によって汚されており、《恩寵の光》に照らされ、きよめられない限り、正しく使用することはできない。ボナヴェントゥラは、アウグスティヌスの《照明説》の忠実な継承者であった。彼にとって、アリストテレスの哲学を組み入れたトマスの体系はこの世の哲学に譲歩しすぎたものであった。

三　『神学大全』の構成

ここで本書で主にとりあげる『神学大全』について紹介しておく。『神学大全』は、中世スコラ哲学の集大成であり、カテドラル（大聖堂）に譬えられる学問的な建築物である。それは、五一二の問いに対する回答である。それは三部から構成され、第一部は《神》について、第二部は《人間》の神へ向かう動きについて、第三部は、神と人とを架橋する《キリスト》についてであり、それぞれ一一九、三〇三、九〇の問いから構成されている。第一部において、トマスは、神の認識は万人の精神のうちに刻みこまれていると考えていた。トマスにとっての神は、《哲学者の神》ではなく、《アブラハム、イサク、ヤコブの神》そして《イエス・キリストの神》である。したがって、トマスにとっての神は、人間理性の光によってのみならず、神の啓示によって示された神でもある。特に神の《三位一体》は、啓示なくして理解不可能である。第二部においては、人間本性に基づいて確定される人間の生の究極目標・幸福が展開されている。この人間の究極的目的である幸福は、《自然的本性》だけでは達成されえないものであり、《恩寵》が加わることによって可能であった。彼は、「人間の自然本性は自らを無限に超え出て、神性を分有することによってのみ、まさしく人間本性として完成される」と述べているが、それは神の《恩寵》なくしては不可能であった。《自己超越》による《人間本性》の実現こそ、トマスの人間論の特徴である。この第二部の「人間論」においては、トマスがアリストテレスの『ニコマコス倫理学』をどのように継承し、彼の倫理学、ないし法・政治学を構築していったかが示されている。第三部は、「キリスト論」であり、キリストの《受肉》から始まって、生涯、受難、復活、昇天、最後の審判で終わっており、また洗礼、堅信、聖餐、改悛、終油、叙階、婚姻といったカトリック教会の七つの《秘蹟》について論じている。総じて、神から発出し、神に《帰還》する運動、そしてその道としてのキリストという新プラトン主義の図式が『神学大全』のバックグランドとして存在する。

四　理性と信仰、自然と恩寵の総合

アウグスティヌスは《神の国》と《地の国》を対決させたが、トマスはこの二つのものを階層的秩序として位置づけた。つまりキリスト教の《超自然的な啓示》と《自然的理性》は相互に区別され、また調和するものとみなされ、《自然的理性》の領域の自律性が承認される。トマスの有名な命題である《恩寵は自然を破壊せず、これを完成する》が双方の関係を見事に言いあてている。

「《恩寵》の賜物は、《自然》を破壊するのではなく、むしろ完成するような仕方で、《自然》に付け加えられる、と言わなければならない。ここからして、われわれに《恩寵》として注ぎ込まれる信仰の光は、神によってわれわれのうちに置かれた、《自然的理性》の光を破壊するものではない。そして、人間精神の自然的な光は、信仰によって明らかにされることがらを、明らかにするには足りないが、とは言え、神から信仰を通じてわれわれに伝えられる事と対立することはありえない。」

（『ボエティウス三位一体論注解』第二問題第三項）

トマスは、信仰の事柄に《自然的理性》や哲学を入り込ませることは「ぶどう酒を水で割るもの」であるという批判に対して、信仰や《恩寵》に奉仕する形で《自然的理性》や哲学を用いることは「水をぶどう酒に変化させること」だと反論している。例えば神の存在や神の唯一性は《自然的理性》によって論証可能である（『神学大全』第二・二部、第二問、四項）が、《三位一体》や神の愛、無限さは啓示によることなくしては理解不可能である。また、神の《創造》は、世界が《始まり》を持つような仕方でなされたということは、自然的理性では把握できず、啓示に基づくものであると述べている。またキリストの受肉、奇蹟、最後の審判などの教義も啓示によるものであり、理性を越えたものであるが、理性に反するものではない。

トマスが信仰と理性をどのように統合しようとしたかを正しく理解することが大事である。というのも、トマスはアウグスティヌスの《照明説》の立場にも立たず、ラテン・アヴェロエス派（その代表的存在はパリ大学人文学部教授のブラバンのシゲルス（一二三五—一二八二）の《二重真理説》をも批判したからである。《二重真理説》とは、啓示された真理と理性的・哲学的真理の二種の真理があり、これら二つの真理は矛盾することもありえるという説である。この説を徹底させると、理性と信仰、哲学と神学は区別されるだけではなく、分離され、相互の関係性を失ってしまう。トマスは、ブラバンのシゲルスのこの考えを批判した。

五　トマスの人間観

トマスの人間観は、アウグスティヌスと比較すると理性的な存在としての人間が前面に登場する。原罪のとらえかたが、アウグスティヌスと根本的に異なっていると言える。トマスは、人間の罪に関して『神学大全』の第二・一部、七一～八九問で触れている。聖書は、「神は人をご自身のかたち（Imago Dei）として創造し」（創世記一章二七節）、堕落以前の状態では、《原初の正義》（justitia originalis）が支配していた。つまり、「理性は、完全に霊魂（anima）のより低次の諸能力を統御して、神によって完成されていた。」（第二・一部、第八五問、三項）しかし、《原罪》（peccatum originale）によって、《神の似姿》が損傷を受けたが、完全に破壊されたのではないとトマスは考える。罪は、「自然本性の善を全くとりさってしまうものではない」（第二・一部、第九三問、六項）のである。それは、《善への傾向》を弱め、《悪徳》への傾向を強めたのである。その結果、「理性は、特に行為に関する事柄において曇らされるのであり、意志は善に対してかたくなになってしまい、善く行為することに対するより大きな困難が増加し、さらに欲情はさらに強く燃えさかる」（第二・一部、第八五問、三項）。しかし、「罪そのものは、自然の本質的な諸原理を無効にしない。罪は自然の理性の命令を実践する可能性にかかわるのみで、認識にはかかわらない」（第二・一部、第九四問、二項）のである。つまり知・情・意の中で意志は弱体化しているかもしれないけれど、理性的認識は可能であるという見解である。以上のようであるとするならば、善き行為へと導くためには、法による《習慣づけ》と《恩寵》の働きが不可欠である。

六　自然法思想

トマスは、『神学大全』第二部において法について論じている。彼は、法の果たす機能について以下のように述べている。

「続いては、行為の外的諸根源を考察しなければならない。ところで、悪へと傾かしめる外的根源は悪魔であるが、――これに対して、善へと動かすところの外的根源は神であり、彼はわれわれを法でもって教導し、恩寵でもって助ける。したがって、はじめに法について、続いて恩寵について述べなければならない。」（『神学大全』第二・一部、第九〇問、一項）

トマスは、「およそ部分なるものは全体に対して、不完全なるものが完全なるものにたいするごとくに関係づけられており、人間は完全なる共同体の部分たるのであってみれば、共同的なる幸福への秩序を配慮することが法に固有の働きでなければならないことになる。」（第二・一部、第九〇問、二項）と述べ、法が《共通善》の達成を目的としていることを強調した。

トマスはアリストテレスに倣って、目的論的な自然観を提唱する。神の《創造の秩序》は、神↓天使↓人間↓動物↓植物というように《階層的秩序》を構成している。この自然観は、あらゆる存在はその本性に内在する目的の実現を志向するという目的論と、他方であらゆる存在はそれ固有の役割を果たすことによって全体の統一と完成に寄与し、それによって存在理由を獲得するという《有機体論》によって構成されている。このような《創造の秩序》を貫いているのが、《永久法》(lex aeterna)、《自然法》(lex naturalis)、《神法》(lex divina) である。トマスは、《永久法》については第九三問において、《自然法》に関しては第九四問において、人定法に関しては第九五—九七問において、《神法》に関しては第九八—一一四問で詳しく触れている。《永久法》は、神の摂理、世界統治の理念である。神は、その智慧によって万物を支配し、すべての働きと運動を統治する。《自然法》は、理性的被造物が《永久法》に参加する時に成立し、自然の光、理性によって把握可能な規範である。それは、自然本性的に認識されるような仕方で人々の心に植えつけられている。自然法は、「われわれのうちなる神的光の刻印」(第二・一部、第九一問、二項) である。

自然法

ところで、自然法の内容はいかなるものであろうか。トマスにおいては、自然法は人間の《傾向》と矛盾するものではなく、人間本性に固有なあり方を示している。トマスは《自然法》の内容について、次のように述べている。

「それゆえに、《自然本性的な》傾向の段階、序列にしたがって、《自然法》(lex naturae) の諸々の諸規定が秩序づけられることになる。けだし第一に人間のうちには、すべての実態と共通であるごとき《自然本性》に基づくところの、善への傾向性が見出される。つまり、およそいかなる実体も、その《自然的本性》に基づいて、自己の存在が保持されることを要求するのである。そしてこのような傾向性に基づいて、人間の生命がそれによって保持され、また生命保持に対立する事柄が阻止されるところのことがらが、《自然法》に属する。第二に、人間のうちには他の諸動物と共通である自然本性に基づいて、より特殊的なる事柄への傾向性が見出される。そしてこのことに基づいて、オスメスの性交、子供の教育、およびこれと同様のことがらのごとく、自然がすべての動物に教えたところのことがらが《自然法》に属する。第三に、人間のうちには、彼自身の固有的なる理性的本性に基づくところの善への傾向性が見出される。」(『神学大全』第二・一部、第九四問、二項)

ここでは、《自然法》の内容として、第一に自己保存、第二に種族保存、そして第三に《共通善》の追求が示されている。このように、人間の《自然的性向》に対応しつつ、人間を《共通善》へと導く道徳的規範が《自然法》であるといえる。《自然法》はキリスト者であるかないかを問わず万人に適用可能なものであるが、トマスはその《自然法》の上に《神法》を位置づける。これは、超自然的秩序における人間、つまり信仰を持つキリスト者の規範であり、《永遠の至福》を目的とするものである。ちなみに《神法》とは、旧・新約聖書正典であり、その解釈権を持つのは教会である。

ところでトマスは、《自然法》の立場から奴隷制、私有財産制度、女性の地位、妊娠中絶、一夫多妻制などをどのように理解したのだろうか。奴隷制は《自然法》が命じるものではなく、罪の所産である。これは、奴隷制を自然の所産と見るアリストテレスとの相違である（第二・二部、第五七問、三項）。高利貸し、つまりお金を貸して利子をとることは《自然法》にかなったものではない（第二・二部、第七八問、一項）。私有財産制に関しては、アリストテレスの私有財産制の評価を基本的に継承しており、《自然法》に合致したものとみなしている（第二・二部、第六六問、二項）。またトマスは一夫一婦制のみを認め、一夫多妻制は退け、妊娠中絶は殺人であるとして認めない。また奴隷制とは異なり、政治的共同体における支配 - 服従の関係と同様に、女性が男性に仕えることも自然にかなったことであるとトマスは言う。それは、男が女より理性的であるからである（第一部、第九二問、一項）。何が《創造の秩序》であり、何が《罪の所産》であるかは、アウグスティヌスと比較すると明瞭である。

ところで、制定法、つまり《人定法》(lex humana) は、《自然法》を具体化、適用したものであって、《自然法》に反して効力を持つことはできない。《人定法》には、《万民法》(jus gentium) と《市民法》(jus civile) があり、前者は国家間を規律する法律であり、後者は国内秩序を規律する法律である。

トマスにとって、法は《永久法》→《自然法》→《人定法》で終わるわけではない。もう一つ《神法》がある。《神法》は、啓示によって示された聖書の言葉であり、その解釈権を有しているのは教会である。啓示が理性や《自然法》より優越するように、永遠の至福に関する《神法》は地上の生活の幸福を規定する《自然法》より優越する。「従属的な生活目的にかかわるものは、至高の目的に従事するものに服従し、その命令によって導かれなければならない。」《神法》は、「人間を超自然的で神的なる目的へと秩序づける。」（第二・一部、第九一問、四項）トマスにとって、《神法》は、《自然法》より高い仕方で、《永久法》を《分有》しているものであった。

正義概念

トマスの《正義概念》も、法と《共通善》の文脈の中で展開されている。トマスは、『神学大全』（第二・二部、第五八問）において、正義概念を展開している。彼は、アリストテレスにならって、《正義》を、「各人に彼の権利を帰属させせようとする不動にして恒久的意志である」と述べ、《倫理的徳》の一つに数えている。また彼は、《正義》を《一般的正義》と、《特殊的正義》に分け、《特殊的正義》の中に、他者との間における等しいものの交換を意味する《交換的正義》と、共同体と個人との間における権利の分配を意味する《配分的正義》を含ませている。この《特殊的正義》は、《一般的正義》を前提にして成り立つ。トマスは、この《一般的正義》を《法的正義》(justitia legalis) と呼び、《法的正義》を、人間を《共通善》に秩序づけるものとみなした。《法的正義》は単に制定された法律に従う《適法性》ではなく、《共通善》を対象とし、その実現へと秩序づける正義なのである。彼は、次のように説明している。

「《正義》は人を他者との関係において秩序づけるものである。ところで、これには、二つの場合がありうる。その一つは、個別的に考えられた他者に対する場合であり、もう一つは、全般的に捉えられた他者に対する場合であって、それはある共同体に奉仕する者は、その共同体に含まれているすべての者に奉仕することになる、という意味である。——そして、《共通善》へと秩序づけることが法に属するのであるから、右に述べた意味で一般的であることのこうした《正義》は、《法的正義》と称せられる。それはすなわち、この正義によって人間が、すべての徳の行為を《共通善》へと秩序づけるところの、法と一致するからである。」(『神学大全』第二・二部、第五八問、五項)

倫理的・神学的徳

トマスにおいて、徳の習慣づけの役割を果たすのが《知慮》(prudentia) である。習慣づけは、単なる機械的で本能的な反作用ではなく、自然本性に内在している徳への傾向を実現しようとする能動的な理性の働きである。この《知慮》の働きによって、人々は実践の領域において徳を選択し、有徳な人間として成熟していくのである。ところで、トマスは、アリストテレスの『ニコマコス倫理学』を継承・発展させて、キリスト教倫理学を展開した。アリストテレスが、《徳》を《知性的徳》と《倫理的徳》とに区分したように、トマスは《知性的徳》(virtus intellecutualis)、《倫理的徳》(virtus moralis)、そして《神学的徳》(virtus theological) の三つに区分している。アリストテレスの場合には、《知慮》の働きによって、正義、寛容、勇気、節制といった《倫理的徳》を形成することが課題であったが、トマスの場合には、《倫理的徳》に《神学的徳》が接ぎ木している。人間は自らの力で獲得する《倫理的徳》では十分ではなく、神から《恩寵》として与えられる《神学的徳》によって完全な至福を実現するのである。《神学的徳》とは、《信仰》(fides)、《希望》(spes)、《愛》(caritas) である。この《愛》は、神への愛と同時に隣人愛を含むものである。神が《恩寵》として付与する《愛》(caritas) によって、超自然的な《至福》が可能であった。《愛》は、聖霊によって、人の心の中に注ぎ入れられるのである。「私たちに与えられた聖霊によって、神の愛が私たちの心に注がれているからである。」(ローマ人への手紙五章五節)

七　トマスの国家観

創造の秩序と支配（dominium）

トマスはアウグスティヌスと異なり、国家を罪に対する《矯正の秩序》として理解せず、《創造の秩序》として理解する。トマスは、国家が人間の本性から生まれてくるとするアリストテレスの見解を受け入れ、アリストテレスのゾーン・ポリティコンを《政治的・社会的動物》と訳する。人間の本性と相互の物質的・精神的必要性が政治的な共同体を創設するのである。トマスが、アリストテレスの《政治的動物》を、《政治的・社会的動物》と言い換えているのは、人間が《自然本性的》に他の人間との交わりにおいて生きる存在であるからに他ならない。トマスは、古代ローマの喜劇作家プラウトゥス（前二五四―一八四）が《人は人にとって狼である》（homo homini lupus）と述べたのに対して、《人は人にとって友である》（homo homini amicus）と語っている。支配と被支配、権威と服従の関係は、トマスによれば、堕落以前から存在するものである。したがって、政治的な義務や服従は人間の《自然本性》にとって、固有なものであり、《罪の所産》ではない。彼は、『神学大全』で、「無垢（status innocentia）の状態において、人間は人間を支配したか」と問い、「人間は社会的動物なのであり、だから無垢の状態における人々もまた社会的な仕方で生きたであろう。然るに、多数者の生活は、共通善を意図する何者かがこれを統括するのでない限り、存在しえないだろう」（第一部、第九六問、四項）と述べている。

トマスにとって、《罪の所産》と呼ばれるものは、奴隷制である。また犯罪者に対して科す刑罰や不正な支配者の存在などが《罪の所産》であり、国家そのものはそうではない。このように、罪の所産がアウグスティヌスが考えるより狭い領域に限定されていることが特徴である。トマスは、堕落以前の状態＝無垢の状態にアリステトレスの《政治家的支配》、堕落以後の状態に《主人的支配》を適用している。支配は堕落以前の状態においても必要であるが、《主人的支配》、つまり主人による奴隷支配という一方的な支配－服従関係は堕落以後というのである。

共通善

人の生活は国家なくしては不可能であり、ただ国家を通してのみ人々は《善き生活》を営み、《共通善》(bonum commune) を達成できる。国家は、他の家族や団体と比べて、すべての必要に答える自足性を有する《完全な共同体》(communitas perfecta) である。《完全共同体》としての国家の特徴は、第一に法の強制力を有し、第二に生活すべてに必要なものを充足する共同体であることにある。国家は、《善き生活》を送るために国内において平和を確立し、衣服、住居、食物といった外的・物質的条件を保障する責任がある。しかし、国家の国家たる所以は、人々に地上的な幸福をもたらし、《共通善》を保障し、徳に従った《善き生活》を送るようにすることにある。トマスは、アウグスティヌスが異教国家を、罪の所産とみなしたとは反対に、国家に積極的な価値を付与し、国家を倫理的共同体とみなした。

そして彼は、人々は、国家において有徳な生活を送り、この世における《至福》(beatitudo) を享受することで終わるのではなく、この世の《至福》は、最終的で完全な天上的《至福》である《神との交わり》に開かれていなければならないと主張する。

トマスのアリストテレス『政治学』注解

このようにトマスは基本的にアリストテレスの《ゾーン・ポリティコン》の概念を継承しつつも、アリストテレスと完全に一致していたわけではない。ポリスに生きない人間は人間とみなされないのだろうか、ポリスにおいて人間の完成が期待しうるとすれば、キリスト教の修道士や隠修者は人間以下の存在であるだろうか。この点において、トマスはアリストテレスの『政治学注解』(Commentum in Libros Politicorum seu de rebus civilibus, 1269) において、アリストテレスの《ゾーン・ポリティコン》との不連続線を示している。

アリストテレスは、「人間は必然的にポリス的動物であるということ、また自然によって国をなさないものは、劣悪な人間であるか、あるいは人間より優れた者であるかのいずれかである。」(『政治学』一二五三a) と主張する。これに対してトマスは留保をつけて、この世に参加することによってではなく、この世から《離脱》することによって、完成を達成しようと試みる洗礼者ヨハネやエジプトの隠修士アントニウス (二五一—三五六) のような例外的な存在があることを強調する。

「人間本性の堕落によって反社会的な傾向を有する人間が必然的に邪悪な者であるか、洗礼者ヨハネや隠修者アントニオのように人間の社会なくして完全になりうるという意味において人間以上であるかどちらかである。」（『政治学注解』Ⅰ―二〇）

またトマスは部分と全体、個人と政治共同体との関係において、必ずしもアリストテレスと見解を同じくするわけではない。アリストテレスは、『政治学』において、「自然には、国は家やわれわれ個人より先にある。なぜなら全体は部分より先にあるのが必然だからである。」（一二六三ａ）と主張する。ギールケによれば、中世の《有機体的な》国家観においては、国家が個人に先立ち、個人の目的は共同体の目的に従属する、個人は全体から離脱しては意味を持ち得ない存在である。しかしこうした見解は、神と人間の垂直的な交わりを説くキリスト者にとって、人間人格を狭めるものではないか、国家への個人的生活の完全な吸収を意味しないのか、人間の人格の絶対的な価値と両立しえないのではないかという疑問が生じてくることになる。

トマスが国家を《有機体》と考え、個人が共同体に従属するものとみなしたことは事実である。しかし彼は、全体と個との関係に関して、部分は全体とは異なる活動の領域を持ち、共同体によって個人の役割が限定されるのでもなければ、否定されるのでもなく、逆に高められ、豊かにされると主張する。更に彼は、政治共同体が個人の魂を完全に把捉することはないと弁明する。個人は決して完全には国家に吸収されえない。人間の魂は、神との交わりという高次な目的に開かれているのである。個人の魂の価値は、超越的なものなので、いかなる人間の権威も、それを拘束することはできない。トマスは言う。

「人間はそのすべてにわたって、そして彼が持っているすべてにおいて、政治共同体のためにつくられているわけではない。一人の人間が存在し、彼がなしえ、彼がもっているすべてのものは神に差し向けられなければならない。」（『神学大全』第二・一部、第二一問）

八　トマスの国家形態

トマスは理想的な政治形態として何を考えていたのであろうか。これには、二つの回答が可能である。『君主の統治について』（De Regimine Principum）を読むと、トマスが君主制を理想的な形態として理解していたことがわかる。つまり、彼は、神の宇宙支配との《類比》で君主制を最善の政治形態として位置づけている。世界の支配者が神一人であるように、政治共同体の支配者も一人でなければならないというものである。実際一三世紀までは、君主制が最善の政府形態のみならず、神の摂理にかなった唯一の形態であると考えられていた。

それに対してトマスは、『神学大全』においては、《混合政体論》を支持している。彼は《人定法》を論じている文脈において、アリストテレスの『政治学』に即して、王制、貴族制、寡頭制、民主制、僭主制を挙げ、僭主制がまったく堕落しているのに対して、《混合政体》が最善であるとして、この混合体制の法が「貴族たちが、人民とともども確立・認可したところの法」であると述べている（第二・一部、第九五問、四項）。また彼は、《最善の国制》（optima politia）に関して、「それは、一人が君臨するかぎりにおいて王制、多くのものが卓越さに基づいて統治する限りにおいて貴族制、そして首長たちが人民の中から選ばれることができ、また彼らによって選ばれる限りにおいて民主制、つまり人民の権力（democratia）であるというふうに、それらのものがうまく組み合わされているものである」（第二・一部、第一〇五問、一項、傍点筆者）と主張する。彼は、「すべての者が、統治（gubernatio）に何らかの仕方で参与するように配慮する」ことが大事であると主張する。したがって、『神学大全』における国制論は、基本的にアリストテレスやキケロといった共和制の《混合政体》の延長線上にあると言えよう。

僭主に対する不服従、抵抗

トマスは、人民に君主に対する不服従と抵抗の権利の双方を承認している。不服従とは、君主の命令に従わないことであり、抵抗権とは僭主化した君主を廃して、新たな君主を立てる権利である。最初に、不服従の権利から見ておくことにする。

トマスは、『神学大全』（第二・二部、第一〇四問）において、《服従》（obedientia）の問題を扱っている。

たしかに彼は、下位のものが上位の者に従うことが、自然的秩序であると述べている。

「それゆえに、神によって確立された自然的秩序そのものからして、自然的事物においては、下位のものは、上位のものの動かしに従属することが必然であるがごとく、そのようにまた人間的な事柄においては、《自然法ならびに神法》(jus naturale et divinum)の秩序からして、下位のものは上位の者に従わなければならない。」(『神学大全』第二・二部、第一〇四問、一項)

しかしながら、トマスは、「従者は、その上位のものにすべてのことにおいて従わなければならないか」(傍点筆者)という問いに対して、例えば皇帝の命令が神の命令に反する場合には、「人に従うより、神にしたがうべきです。」(使徒の働き五章二九節)というみことばが優先するのであり、また《意思の内的運動に関する事柄》、つまり内面的領域に対して、上位の者は命令する権限は持っていないとしている。結論として彼は、「人は、正義の秩序が要求する限りにおいて、世俗的君主に従うよう拘束されている」と書き、「君主の有する《至上権》(principatum)が正当なものではなく、簒奪したものであったり、あるいは不正なことを命令する場合には、彼らに従うように拘束されないのである。」と述べている。たとえ世俗的君主の命令といえども《神法》や《自然法》に違反することは許されていない。

次に君主が《僭主》と化した場合には、君主に対する《抵抗権》が発動される。トマスは、『君主の統治について』において、君主が僭主化した場合の人民の《抵抗権》を承認した。

「まず、王を自身で選ぶのが民衆の権利に属するとしたら、王が僭主と化して王権を乱用する場合には、王は民衆によって廃位させられるか、その権力を掣肘させられるかするのは当然のことである。またその民衆がそれまで代々ずっと仕えてきたからといって、僭主と化した支配者を排斥したとしても、その行為は不忠義だと責められるべきではない。というのは、それは支配者が民衆の統治において自己の義務を果たさなかったことによって自ら招いたことであり、その結果臣民はもはや支配者への忠誠の誓いを守る必要はないからである。」（『君主の統治について』Ⅰ―四九、傍点筆者）

『神学大全』においては、政治的権威の源泉が人民であり、権力は為政者に委託されたものであるという思想が存在する。為政者は、「人民を代表するものとして以外に法を制定する権限を有しない」。更にトマスは、『神学大全』において、《内乱》(seditio) は常に大罪であるかと問い、《内乱》を「正義 (justitia) と共通善 (bonum commune) に対立するもの」と定義したうえで、《暴君》=《僭主》に対する抵抗は《内乱》ではないと次のように述べている。

「《暴君》の支配は正しくない。なぜならそれは、アリストテレスによって『政治学』第三巻、および『倫理学』第八巻において、明らかな如く、《共通善》へ向けて整えられておらず、支配者の私的な善に向けて整えられているのだからである。だからこうした体制を揺るがすことは、内乱の特質にはあたらない。」（『神学大全』第二・二部、第四二問、二項）

トマスは、イタリアの都市国家の共和制を良く知っており、彼の著作においてローマ共和制について言及している。また彼のアリストテレスの『政治学』への注解は、アリストテレスの《共通善》や、治者と被治者の一体性としての能動的な《市民》概念を広める効果を果たすことによって、ヒエラルヒー的、君主制的秩序を脅かす役割をはたした。私たちは、二〇世紀のジャック・マリタンといったネオ・トミストが、トマスの思想をキリスト教的な民主主義理論の形成の基盤としたことを忘れてはならない。

九　教会と国家との関係

トマスの『君主の統治について』においては、《人間の王国》(humanum regimen) の不完全さと《神の王国》(divinum regimen) の完全さが対比されている。当然《この世の王国》は高次の秩序である《神の王国》、そしてそれを地上において具現した教会に服従する。「キリスト教生活のすべての君主は、主キリストに従うように、最高の聖職者ペテロの後継者としての、《キリストの代理人》である教皇に従

うべきである。」（『君主の統治について』I―一一〇）

この立場は、聖書の「カイザルのものはカイザルに、神のものは神に」（マタイ二二章二一節）というイエスの言葉に立脚したゲラシウス一世（在位四九二―四九六）の《両剣論》の立場からの大きな逸脱である。《両剣論》とは、神は皇帝に《世俗的な剣》を、教皇に《精神的な剣》を与えたので、人々は霊的な事柄においては教会の指導に従い、世俗的な事柄においては世俗的権力の指導に従うべきであるとするものである。トマスは、一見この《両剣論》に従っているように思われる。彼は、『命題論集』において次のように述べている。

「霊的権力も世俗的権力も神的権力に由来する。したがって、世俗的権力は、神によって秩序づけられている程度において、霊的権力に服従する。魂の救いに関する事柄においては、霊的権力が世俗的権力より優越する。しかし、公的な安寧に関する事柄においては、世俗的権力が霊的権力に優越する。これがマタイによって『カイザルのものはカイザルに』といわれたことが示していることである。」（『命題論集』第二巻、第四四区分、第三問、四項）

ところが、それに続けてトマスは、一定の留保をつけている。それは、キリストの命令に従って、同一人物が、つまり教皇が聖俗両剣を保有しているという留保である。一体、トマスの真意はどこにあったのであろうか。彼が『君主の統治について』において、教皇が《キリストの代理人》（vicarius Christi）であると述べていることから判断すると、教皇が霊的権力と世俗的権力の双方を持ち、その世俗的権力を皇帝や君主に委託していると彼が考えたと思われる。というのも、《キリストの代理人》としての教皇という考えは、インノケンティウス三世（一一九八―一二一六）によって教皇が世俗的権力をも継承するという理論に結びつけられたからである。トマスが念頭に置いていたのも、教皇絶対主義者のインノケンティウス三世であっただろう。教皇権力は一三世紀の前半に絶頂に達し、中世ヨーロッパの枠組みを構成していた《両剣論》を大きく踏み出してしまった。例えばインノケンティウス三世は、教皇が皇帝や国王を破門し、皇帝や国王への臣下の忠誠義務を解除する権限を主張した。トマスもまた、『神学大全』において、「君主は信仰からの背教のゆえに臣下に対する支配権を喪失し、後者は服従の責務から解放されるか」（第二―二部、第一二問、二項）と問い、それに《然り》と答えている。

一〇　正戦論

トマスは、『神学大全』において、「戦争（bellum）は許されるか」と問い、アウグスティヌスの『マニ教徒ファウストゥス反駁』などを引用しつつ、《正戦》、つまり《戦争への正義》（jus ad bellum）が成り立つ三つの条件を挙げている（第二―二部、第四〇問、一項）。第一は、戦争が私人ではなく、君主の権威によって行われることである。君主は、国内において犯罪者を罰すると同時に、「外敵から戦争の剣で国家を保護する」のである。第二は、正当な原因が存在すること、つまり、不正を罰することである。第三に戦争を遂行する人の意図が、正しいことである。彼は、アウグスティヌスの『ファウストゥス反駁』から引用し、「真に神を礼拝する者たちの許では、戦争さえも平和的であって、欲望や残虐さによらず、悪を抑え、善を支えるように、熱心に平和を求めて遂行される」と述べている。これは、《平和》をもたらすための《戦争》である。

またトマスは、アンブロシウスを引き合いに出して、「敵同士の間にあってさえ守られるべきある種の戦時法規と協定事項が存在すると述べている。これは、《戦争における正義》(jus in bello) に関するものである。

ところで、トマスは《正戦》(justum bellum) のみならず、《聖戦》(praelia sancta) をも主張したのだろうか。彼は、異教徒にキリスト教を強制するための《聖戦》は主張しなかったが、異教徒の攻撃から信仰を守るという意味での《聖戦》は必要であると考えた。この点に関して、トマスは、一一世紀末から一三世紀後半まで八回にわたって繰り返された《十字軍》に対して、どのような態度をとったのであろうか。私たちは、《十字軍》が展開されたのは、まさに教皇権力が優越していた時期であることを忘れてはならない。また《十字軍》は、かつてキリスト教の町であったエルサレムをイスラム教徒の支配から解放すると主張したが、それは「異教徒の攻撃から信仰を守る」という意味での自衛のための《聖戦》に繋がっていくのではないだろうか。

一一　信仰の強制

アウグスティヌスは、ドナティストに対する強制的なカトリックへの《改宗》を承認した。この点に関して、トマスはどのような見解を持っていたのであろうか。彼は、異教徒やユダヤ人のように、一度も信仰を受け入れたことがない者に対する信仰の強制は否定したが、異端者や背教者のように一度信仰告白をしたことのある不信仰者に対しては、肉体的な強制を用いることも容認している。彼は、「信仰を受け入れることは意志に属するが、すでに受け入れた信仰を保持することは必然性に属する。したがって、異端者たちは信仰を保持するように強制されるべきである。」（第二・二部、第一〇問、八項）と述べている。また彼は、異端者たちが破門されるだけではなく、「正義にかなった仕方で処刑されることが可能である」と主張する（第二・二部、第一一問、三項）。彼は、異端の宣告を受けたアリウスがすぐに処刑」されなかったがゆえに、「全世界がその焔によって荒廃させられた」と述べるヒエロニムスの言葉を引用している。トマスにとって、「異端者が死によって完全に抹殺されたとしても、主キリストの命令に背くことにはならない」（第二・二部、第一一問、三項）のである。私たちは、《異端》に対するトマスの妥協なき姿勢を見る思いがする。南フランスの異端《カタリ派》に対してアルビジュア十字軍が動員されたのもインノケンティウス三世の治世であった。異端審問制度が設けられたのは一二三一年であったが、審問を行ったのはトマスが所属するドミニコ修道会であった。

一二　トマスの政治思想の歴史的意義

最後に、トマスの国家概念に関して、その歴史的意義を要約しておくこととする。トマスの師アルベルトゥス・マグナスとトマス・アクィナスは、アリストテレスの《継受》を通して、古典古代の国家観を復活した。国家はアウグスティヌスのように単なる支配機構ではなく、《共通善》達成を使命とする徳の共同体によみがえったのであった。

一三世紀にアリストテレスの『政治学』が研究された時から、重点と関心が《キリスト教共同体》から複数の個々の国家、つまりcivitasないしregnumに移り、アリストテレスがポリスのみに認めた《完全に自足的な社会》(communitasd perfecta et sibi sufficiens)が前面に登場することとなった。ダントレーヴが主張したように、トマスのアリストテレス継受による古典古代の国家(polisやcivitas)概念の復活が、中世の《キリスト教共同体》ないし《世界帝国》(imperium mundi)を破壊し、近代的な《主権国家》への道を開いたのである。

J・B・モラルは、トマスによる世俗的なcivitasの復興による、《キリスト教共同体》の危機について、次のように述べている。

「政治についての前キリスト教的観念の再発見が熱烈に行われた結果、教権と王権という二つの領域を自らのうちにもつ一つの《キリスト教共同体》というそれまでのキリスト教的政治＝宗教理想は、究極的には両立しがたい強力な対抗者、すなわち国家という自己充足的な有機体に直面させられることになった。」（『中世の政治思想』一二二頁）

アウグスティヌスにとって、この世は《罪の所産》であり、神の審判の後に来る完全な《神の国》を待ち望む《終末論》が顕著であった。そしてペラギウスとの論争に見られるように彼は人間の徹底した罪性と神の《恩寵》を強調した。この地上の世界は神の審判に服するものであるので、彼の眼は絶えず神の《恩寵》に注がれていた。しかし、トマスにとってまさしく、創造の世界、《自然法》に従った世界がこの世において可能となり、彼の眼は《終末》ではなく、神が創造した《永遠の秩序》に向けられる。トマスにおいては、初代教会のキリスト者が有していたキリストの《再臨》に対する期待と《終末論》は消失し、世界秩序は《永遠に続く》ものとみなされるようになった。これは、《円環的》な時間概念を特徴とするヘレニズム哲学の《終末論的な》時間概念を特徴とするヘブライズムに対する勝利である。これこそまさしく、《アリストテレス復興》の代償というべきものであった。

〔参考文献〕

＊トマスの著作

『神学大全』（全四五巻）（創文社、一九六五―二〇一〇年まで三五巻が刊行されている）〔永久法や自然法については第一三巻第Ⅱ―Ⅰ部（第九〇―一〇五問題）、異端や背教については第一五巻第Ⅱ―Ⅱ部（第一―一六問題）、戦争や反乱については第一七巻第Ⅱ―Ⅱ部（第三四―五六問題）、正義については第一八巻第Ⅱ―Ⅱ部（第五七―七九問題）〕

『中世思想原典集成一四――トマス・アクィナス』（上智大学中世思想研究所編訳、平凡社、一九九三年）〔『存在者と本質について』『命題論注解』『形而上学注解』『知性の単一性について』等所収〕

『君主の統治について――謹んでキプロス王に捧げる』（柴田平三郎訳、岩波文庫、二〇〇九年）。

Aquinas, edited by Norman Kretzmann and Eleonore Stump, Cambridge, 1993.

St. Thomas Aquinas on Politics and Ethics, translated and edited by Paule Sigmund, Norton Critical Edition, 1998.

Political writings, edited by R. W. Dyson, Cambridge University Press, 2005.

Commentary on Aristotle's Politics, translated by Richard J. Regan, Hackett Publishing Company, 2007.

＊トマスに関する入門書

稲垣良典『トマス・アクィナス』（勁草書房、一九七九年）

稲垣良典『トマス・アクィナス』（清水書院、一九九二年）

稲垣良典『トマス・アクィナス』（講談社学術文庫、一九九九年）

稲垣良典『トマス・アクィナス『神学大全』』（講談社選書メチエ、二〇〇九年）

E・ジルソン／Ph・ベーナー『アウグスティヌスとトマス・アクィナス』（服部英次郎・藤本雄三訳、みすず書房、一九九八年）

＊ボナヴェントゥラに関する入門書

坂口昂吉『中世の人間観と歴史——フランシスコ・ヨアキム・ボナヴェントゥラ』（創文社、一九九九年）

第一二講　パドヴァのマルシリウスの政治思想

トマスが切り開いた道を更に推し進めたのがアヴェロエス主義の《二重真理説》の影響を受けたパドヴァのマルシリウス（一二七五―一三四二）であった。彼は、『平和の擁護者』（Defensor Pacis）（一三二四年）を書き、近代的な《主権国家》への道備えをした。彼はトマスと異なり、《自然》と《恩寵》、理性と信仰、教会と国家の調和を破壊し、自然、理性、国家の領域の自律性を承認した。また彼は、法律を制定する国家の権威を主張した。彼は、《至上権》（plenitude potestas）を振り回す教皇権を攻撃したので、教皇により《地獄の子、呪われた子》として攻撃された。彼は、教会と聖職者が国家の権威に服すべきことを主張したのである。彼は、教皇権の権威を攻撃することによって、《キリスト教共同体》の崩壊に一役買ったのである。

一　マルシリウスのプロフィール

マルシリウスは、イタリアの都市国家、パドヴァの名家に一二七五年頃生まれた。マルシリウスの近い親戚には、法律家、裁判官がいた。彼の父は、パドヴァ大学の公証人であった。彼は、当時医学で名声を博していたパドヴァ大学で医師としての訓練を受けた。、彼はその後パリに行き、一三一一年頃パリ大学で自然哲学を教え、一三一三年にパリ大学学長になっている。後に彼は、北イタリアとアヴィニヨンで医業に従事、その後一三二〇年にパリで神学を学んだ。彼は、パリで一三二四年に主著『平和の擁護者』を完成した。時の教皇ヨハネス二二世（在位一三一六—一三三四）は、一三二七年にこの書物を異端の書として宣言し、マルシリウスを破門した。この書物は三部によって構成されている。第一部は世俗的な政治的権威の起源と本性を論じ、善き政府の基準として人民の同意を挙げている。第二部は、聖職者、とりわけ教皇の世俗的権力を批判し、教会は公会議によって統治されなければならないと論じた。第三部は、第一部と第二部の結論の要約である。彼は、この『平和の擁護者』がマルシリウスの著作であることが判明した一三二六年にパリを離れ、バイエルン王で神聖ローマ帝国の皇帝ルートヴィヒ四世（在位一三一四—一三四七）の所に庇護を求めた。マルシリウスはその頃、ドイツと北イタリアにおける皇帝権力を擁護して、教皇と論争をしており、ルートヴィヒ四世の宮廷で彼を助けて活動した。一三二七年に彼は皇帝のイタリア遠征に随行したが、所期の目的を達成できなかった。ルートヴィヒの助言役には、フランシスコ会士で当時の哲学者オッカムのウィリアムや、フランシスコ会総長のチェセナのミカエル、ウベルティーノ＝ダ＝カザーレといったフランシスコ会派の《聖霊派》（キリストにある清貧を重んじる人々）もいた。オッカムは、著作『命題集註解』の見解が危険視され、教皇に召喚されていたが、その審査中にルートヴィヒの宮廷に身を寄せていた。オッカムのウィリアムとマルシリウスは、政治論においては《人民主権》、教会論においては《教皇首位説》に対して《公会議首位説》をとる点において共通していた。また彼らは、教会は、貧しくこの世の権力を持たなかったイエスに従って、霊的な救済に専念すべきであると考えていた。

彼のこの時期は、一三〇九年から一三七七年まで教皇庁がローマからアビニョンに移されていた時代、いわゆる《アヴィニョン捕囚》の時期である。教皇の権威が失墜し、イングランドやドイツが教皇に背を向け、また教会自体も一三七八年以降は二人の教皇が対立しあうという《教会大分裂》（シスマ）の時代が続いていた。

マルシリウスのその他の著作には、神聖ローマ帝国の起源と発展を歴史的に考察した『帝国の譲渡に関して』（一三三〇年代の中期）、そして『小さな平和の擁護者』（Defensor minor）（一三四〇年）がある。

マルシリウスの同時代人には、フィレンツェ生まれで、痛烈に教皇権力を批判し、皇帝権力を弁証して『君主論』（Monarchia）を書いたダンテ（一二六六―一三二一）がいる。

二　国家論

マルシリウスは国家の設立に関して、アリストテレスの『政治学』に依拠しつつ、人間の自然的な欲求からスタートする。しかし、彼の《人間の自然》には、アリストテレスの《目的因》は入り込む余地はなく、ただ《始動因》だけが存在する。彼は医者として、個人ないし国家にも適用できる生きた有機体という生物学的なイメージを念頭に置いていた。彼の言語は生物学ないし医学の用語であり、国家は、よくバランスのとれた動物の有機体である。マルシリウスは政治を生物学の領域の中に位置づけ、本能的な欲求から分析をスタートさせる。そして彼は、対立や闘争を生物学的衝動から生じる一連の帰結とみなす。マルシリウスは、闘争を自然なものとみなす。各人は私的な欲求を追求するので、衝突が起こるのである。この意味においてマルシリウスの立場は、ホッブズに近いといえよう。したがって彼はトマスと異なり、国家の目的を《共通善》の達成ではなく、自然的欲求に基づく闘争の抑制に求めた。政府の役割は、《善き生活》を可能にするのではなく、衝突を克服し、共通の利益を保障することにあるとされた。マルシリウスの『平和の擁護者』の中には、彼がアリストテレスに依拠しているにもかかわらず、人間が「自然本性的に社会的・政治的動物」であるという言葉は全く見出されない。人間は徳の完成や善く生きるために集まるのではなく、ただ生存を保持するために集まるのである。

マルシリウスは常に国家の破壊の危険性を感じていたので、最高の権威は、政府に付与されるべきであると考えた。というのも政府だけがアナーキーを阻止しうるからである。高貴な目的ではなく政治的必然性が国家の存在理由を生み出す。『平和の擁護者』に基づいて、国家の形成過程と目的を四点にわたって要約しておくこととしよう。

1　すべての人間は自然的に満足のいく生活を求め、有害なものを避ける（I—四—二）、
2　矯正されなければ、過度の行為は戦闘を引き起こし、最終的に十全な生活の喪失をもたらす（I—五—七）、
3　人々は、自分たちのために必要なものを求め、相互に交換するために集まった。この集まりが国家と呼ばれる。様々なものが十全な生活を求めるものに対して必要なので、様々な人間がこの国家に必要である（I—五—三、五）、
4　集合した人々の間では、正義の規範によって制御されなければ反目や抗争が生じ、互いに戦い、最終的には国家の破壊がもたらされることになる。この団体において、正義の基準を作り、守る権威が創出されなければならない（I—四—四）。

トマスにおいては主知主義的要素が支配的であったのに対し、マルシリウスにおいては主意主義的要素が支配的である。国家はただ人間の外面的行動に関わるにすぎない。そして国家の法律である《人定

法》も理性ではなく、強制的命令であるとして、彼は国家の法を《全市民団体の命令》として定義する。国家は、高次の法ではなく、立法的機関の実定的意思に依拠して、活動しなければならない。マルシリウスは、立法者は人民でなければならないと主張する。人民が立法者を構成するので、中世の政治思想においては比類のない権力が人民に付与される。《人民主権》の成立である。もし支配者が法を侵害するならば、人民は支配者を矯正し、処罰しなければならない。一人ないし少数者の支配は法律を私的利益のために改廃する危険性があるので、それに対する唯一の歯止めは人民の存在である。マルシリウスは、全人民が立法者である共和国の視点から国家の統一を考えた。彼は世界政府や君主制については否定的であり、イタリアの都市国家を理想としたのである。そこには、パドヴァというイタリアの都市国家の自治の経験が反映されているように思われる。

三　教皇制批判

マルシリウスにとって、政治共同体における混乱と紛争の原因を発見し、平和のための真の公式を見出すことが重要であった。一三世紀のイタリアの都市国家における政治を考える際に、内乱の主要な原因は教会の干渉にあった。つまり、第一に、教会の権威は、政治的領域における干渉の権利を要求している。第二に、聖職者が政治的コントロールに服さないことは、政治的権威を妨害していた。したがって、マルシリウスの関心は、聖職者が政治的権威に服さないことに対する闘争にあり、聖職者支配に対する平信徒の闘争にあった。

『平和の擁護者』の中の第二部は、政治的対立に拍車をかけ、国内秩序の攪乱要因である教皇制に対する批判に向けられている。教皇制が支配者の権限を奪い、政府を従属させてきたことに混乱の元凶があるとマルシリウスは考えた。しかし、マルシリウスは、ゲラシウス一世の《両剣論》に戻っているわけではない。彼は、教会が世俗国家の一機関であり、聖職者はその地位を世俗的権威から受けなければならないと考えた。国家と教会の分離にかわって、彼は支配的部分と聖職的部分という二つの部分を持った一つの国家を見ている。聖職者は地上の平和を達成する世俗的権威に服従する。国家は、聖職者の特権を廃止し、彼等の財産を管理下に置き、信仰の強制を拒否する。国家は、個人の外面的な行動に関係するのに対して、聖職者は内面の事柄に関わる。外側に関係する事柄に関しては、聖職者は国家の制定法に服従するのである。

マルシリウスに顕著であることは、国家と教会の《類比》であり、国家において人民が立法者であると同様に、教会においても教皇ではなく、《信徒の群れ》(universitas fidelium)が中心であるべきであった。この《信徒の群れ》が聖職者を選び、《公会議》を通して信仰箇条を決定し、破門を行うのである。これは、中世的な《会衆主義》の主張であり、当時としては斬新極まりない見解であった。

また彼はフランシスコ会の聖霊派の影響を受け、「私の王国はこの世のものではない」とするイエスの言葉を強調し、聖職者は貧困と謙遜を身につけ、この世の価値に背を向け、永遠の価値に専心すべきであり、政治に関与してはならないと説いたのである。

四　一四世紀の宗教改革者たち

教皇権力や教会に対する批判は、その政治的領域への介入に対してのみ向けられていたのではなく、それが本来の《福音的な生き方》から逸脱し、華美や名声といったこの世的な栄華を追求するありかたにも向けられていた。フランシスコ会派のオッカムのウィリアムやパドヴァのマルシリウスにも、その傾向が強く見受けられる。一四世紀になると、その傾向は一層強くなり、《聖書》の原点に戻り、キリストに全く従おうとする宗教改革者が生まれてくる。その中で注目に値するのが、ジョン・ウィクリフ（一三二四—一三八四）とヤン・フス（一三六九頃—一四一五）であった。ウィクリフは、オックスフォード大学の神学者で、《聖書中心主義》を唱え、カトリック教会の秘蹟論や教皇の権威を攻撃し、イギリスにおいて宗教改革の烽火をあげた。彼は、教皇を《反キリスト》と非難した。その攻撃は、カトリック教会の依って立つ教理そのものに対する批判であった。彼は聖書こそキリスト者の信仰と実践の唯一の基準であるべきとして、ラテン語のウルガタ聖書の英訳を完成した。また彼は、清貧説教者集団を組織し、聖書の真理を普及させていった。ヤン・フスは、オックスフォード大学でウィクリフの影響を受け、プラハ大学の神学教授としてカトリック教会を攻撃し、ボヘミアにおける宗教改革の先鞭をつけた。二人は、コンスタンツの公会議（一四一四—一四一八）で異端を宣言され、すでに死んでいたウィクリフの墓はあばかれ、著書は焼き払われ、フスは焚刑に処せられた。こうした彼らの運動は、後にマルティン・ルター（一四八三—一五四六）の宗教改革をもたらす前史をなしているといえる。

こうした宗教改革の運動は、社会的・政治的機能という面から見れば、教皇権力や皇帝権力といった《普遍的権力》に対抗し、イギリス、ボヘミア、ドイツの国民感情を刺激した点において、《国民国家》形成に間接的に手を貸したといえよう。ウィクリフの英訳聖書やルターのドイツ語訳聖書の完成は、一般庶民が聖書にじかに触れることを可能にすると同時に、母国語の普及を通して、国民的アイデンティティの形成を促進したのである。

〔参考文献〕

＊パドヴァのマルシリウスに関する著作

上智大学中世思想研究所編訳『中世思想原典集成一八——後期スコラ学』（平凡社、一九九八年）〔ヨハネス・ドゥンス・スコトゥスやオッカムのウィリアムの著作と一緒に、マルシリウスの『平和の擁護者』の第一部第一—四章（第一部は全部で一九章）、第二部の第一—五章（第二部は全部で三〇章）、第三部のすべてが含まれている〕

Marsillius of Pauda, *The Defender of the Peace*, Cambridge University Press, edited and translated by Annabel Brett, 2005.

Marsiglio of Padua, *Defensor minor and De translatione imperu*, edited and translated by Cary J. Mederman, Cambridge University Press.

*中世の政治思想に関する文献

W・ウルマン『中世ヨーロッパの政治思想』（朝倉文市訳、御茶の水書房、一九八三年）

E・H・カントーロヴィチ『王の二つの身体』（小林公訳、ちくま学芸文庫、二〇〇三年）

O・ギールケ『中世の政治理論』（阪本仁作訳、ミネルヴァ書房、一九八五年）

佐々木毅『宗教と権力の政治』（講談社、二〇〇三年）

上智大学中世思想研究会編『中世の社会思想』（創文社、一九九六年）

柴田平三郎「中世の国家像」（田中浩編『現代世界と国民国家の将来』（御茶の水書房、一九八〇年）所収）

A・P・ダントレーヴ『政治思想への中世の貢献』（友岡敏明・柴田平三郎訳、未來社、一九七九年）

J・B・モラル『中世の政治思想』（柴田平三郎訳、平凡社、二〇〇二年）

Beryl Smalley edited, *Trends in Medieval Political Thought*, Basil Blackwell, 1965.

第一三講　中世的秩序像から近代国家へ

一　中世の再評価

J・B・モラルの『中世の政治思想』は、《キリスト教共同体》の勃興、発展、衰退とそれに代わる近代国家の台頭という視点から中世を描いている。ここでは中世の時期を便宜的に、五世紀末の西ローマ帝国の崩壊から一五世紀末までとする。もともと《中世》（middle ages）は、近代と古代の中間に位置するほとんど重要性のない時代という意味を含んでいた。中世は《暗黒時代》という表現は、その典型であるといえよう。最初に《中世》という言葉を構想したのが一五―一六世紀のヨーロッパ人であり、彼らは長く忘れられていた古代ギリシャ・ローマ文明を《再発見》し、古代の文化に魅了されたのである。当然古代の文化のルネッサンス（再生）が問題となり、その中間時代はマイナスの時代としてしか評価されなくなる。しかし、中世の復権が進み、中世がルネッサンスを準備したことも知られてきた。

C・H・ハスキンスは、一九二七年に出版した『一二世紀ルネッサンス』において、一二世紀における都市の勃興、高等教育、スコラ哲学、ローマ法の復活、建築・彫刻、歴史記述、ギリシャ語やラテン語の翻訳による哲学や科学の復興をヴィヴィッドに描いている。

現在、グローバリゼーションが進展する中で《主権国家》を越えるという視点から、中世的秩序像に注目が集まっている。第一次大戦後、一元的国家に対抗するために、中世の聖俗二元論に着目し、ラスキ（一八九三―一九五〇）やG・H・コール（一八八九―一九五九）によって提唱される《多元的国家論》の理論的展開の礎石を築いたのがJ・N・フィギス（一八六六―一九一九）であった。また主権国家のゆらぎが顕在化する現在、《主権国家》の後の秩序像として《新中世》が積極的に語られている。中世的秩序は必ずしもマイナスの象徴ではなくなったのである。

二　Respublica Christiana（キリスト教共同体）

現在のEUの精神的な基盤を歴史的に遡って考察すると、中世の《キリスト教共同体》に行き着く。この楕円形の中には二つの中心があり、それが皇帝権力と教皇権力である。この二つの権力の対立が中世の政治史のダイナミズムを生み出した。

教皇ゲラシウス一世（四九二―四九六）は、精神的権威は教皇、政治的権威は皇帝が有するという《両剣論》を主張した。これは、ルカの福音書の「彼らは言った。主よ。この通り、ここに剣が二振りあります。」（二二章三八節）に基づく。ゲラシウス一世の両剣論は、東ローマ帝国の《皇帝教皇主義》と正反対の考えであった。東ローマ皇帝は、王であり祭司であるという考えに立って、政治権力のみならず、教会に対する支配権を掌握し、公会議の召集、総大司教の選出、教義の決定を行った。これに対して、ゲラシウス一世は、世俗の権威と宗教上の権威、つまり《皇帝権》(imperium）と《司教権》(sacerdotium）の分立と協調を主張したのである。彼は、《権威》(autocritas）と《権力》(potestas）を区別し、「この世界を支配する二つの権威がある。司教の聖なる権威と王の権力である。」と説き、司教の精神的優位を示しつつ、司教権と皇帝権の分立を説いた。それぞれの権威には、固有の領域があり、相互に他を犯してはならない。キリスト教の皇帝は精神的領域においては聖職者の支配に服従するが、聖職者は世俗的な事柄においては皇帝に服従する。

ここに、西ヨーロッパにおける政治と宗教、国家と教会の関係が位置付けられた。東ローマ帝国のように、宗教が政治的権力の正当化の手段として利用されるのではなく、政治的権力を精神的な権威によってコントロールする道が開かれたのである。政治権力の《相対化》こそ、中世政治思想の重要な遺産である。

この二つの権力の関係は、歴史の発展に伴って、ある場合には教皇権力に優位に、またある場合には皇帝権力の優位に変化していった。例えば、一〇七二年、グレゴリウス七世（在位一〇七三―一〇八五）

がローマ教皇の座につき、教皇の絶対的な優越性を主張した時、神聖ローマ帝国のハインリヒ四世（一〇五六—一一〇六）との間に《叙任権》闘争が発生した。グレゴリウス七世は腐敗堕落した君主を破門し、彼の臣民たちを忠誠の誓約から解除する教皇の権限を主張し、教皇の聖職者任命権を主張したのに対して、ハインリヒ四世は、《皇帝教皇主義》に近い立場をとり、帝権が神権（Divine Right）を持ち、教皇はそれを管理する権利などもっていないと主張し、教皇と全面的に対決した。教皇がハインリヒ四世を破門すると、皇帝は、グレゴリウス七世の滞在するイタリア北部のカノッサ城を訪れ、破門をといてもらうまで三日間、城の前で雪の中を裸足で待ち続けるという屈辱を味わった。いわゆる一〇七七年の《カノッサの屈辱》である。しかし後にハインリヒ四世は体勢を立て直し、ローマを占領したため、グレゴリウス七世はモンテ・カッシーノ、更には南イタリアのサレルノに逃れ、そこで非業の死を遂げた。

教皇権力は、それぞれの国において王権を強化し、支配体制を築きつつあった王国（regnum）の世俗的権力とも衝突した。例えば一一六二年にトマス・ベケット（一一一八—一一七〇）は、カンタベリー大司教に就任し、教会の王権からの独立を主張した結果、イングランド王ヘンリー二世と対立し、一一六四年に国外追放され、一一七〇年に殺害された。ベケットの秘書として働いていたソールズベリのジョン（一一一五—一一八〇）は、ヘンリー二世との抗争においてベケットを助けたが、すでにこの抗争以前に彼は主著『ポリクラティクス』（Policraticus, 一一五九年）において世俗的権力が教皇権力に服すべきことを主張していた。

一一九八年にインノケンティウス三世（在位一一九八―一二一六）が教皇になった時が、教皇権力が絶頂に達した時であった。彼は、パリ大学で法学と神学を学び、ボローニャ大学で法学を学んだ。彼は、神聖ローマ皇帝の選出に介入し、オットー四世を即位させたが、彼が自分の意に沿わなくなると、フリードリヒ二世（在位一二一五―一二五〇）を皇帝の座につけた。また彼は、離婚問題をめぐってフランス王フィリップ二世（在位一二一五―一二五〇）を、またカンタベリー大司教の問題をめぐってイングランド王ジョン（在位一一九九―一二一六）を破門するなど、積極的に権力を行使し、世俗の問題にも介入した。更に一四世紀になると、ボニファティウス八世（在位一二九四―一三〇二）とイングランド王やフランスの王との争いが生じる。教皇は一三〇二年に勅書「ウナム・サンクタム（唯一の聖なる）」を発表し、教皇権の絶対的な優位性を主張し、教皇に服従しない人間は救済されないと主張した。

「信仰は、われわれに、ただ一つの聖なる教会を認めよと命じている。ただ一つの教会には、ただ一つの身体とただ一つの頭のみがある。そしてこの教会には二つの剣がある。すなわち霊的な剣と世俗の剣である。この二つの剣は、いずれも教会のもとにあり、教会のために使われるものである。霊的な剣は聖職者によって、世俗の剣は王と戦士によって使われるが、いずれも聖職者の指示に従い、聖職者が認めたときにのみ使用される。」

この勅書に怒ったフランス王フィリップ四世の側近ギョーム・ド・ノがボニファティウス八世を襲い、暴行を加えた上で監禁するという大事件が起き、フィリップ四世は破門された。このボニファティウス八世が死去して後、教皇権は衰退に向かう。一五世紀になると教皇に《反キリスト》という言葉が使われ始め、各国の王たちは、教皇制度に対する様々な反発を利用して、国教会の設立に向けて動き出す。そして《キリスト教共同体》の楕円形の二つの中心点をなしていた教皇権力のみならず、皇帝権力も弱体化し、それに代わって、《王国》の君主的権力がヨーロッパ秩序の主体として登場するに伴って、《王国》(regnum)から《国家》(state)への展開が生まれてくる。

三　王国(regnum)――多元的な権力

中世においては、近代的な意味における《主権国家》は、存在しなかった。中世史家ウルマンは『中世ヨーロッパの政治思想』において、「国家の概念は、蒸気機関車や電気と同じように、中世盛期の中心からは遠く取り除けられていた」と述べている。またJ・N・フィギスは、中世国家は事実ではなく夢であり、中世における国家は教会であったと述べている。更にC・フリードリッヒは、『歴史的な視野から見た法哲学』(一九五八年)において、「残念ながら、中世の政府を国家と呼ぶ長い習慣に慣れ親しんでいるが、この時代錯誤を正当化するものはない。中世の思想にとって、あるのは君主(Princeps)、領主（domini）、支配（dominium）、政府（regimen）だけであった。これが政治思想の主題である。」と述べている。またダントレーヴは、「中世にも国家があったとするならば、これは一種のキリスト教的国家、すなわちrespublica christianaであった。」と述べている。

しかし、こうした主張にもかかわらず、中世においては後に《国家》(state)に発展する《王国》(regnum)が存在した。以下、《王国》の経済的・政治的構造の特徴を見ておくことにする。

封建的な主従関係

中世は基本的に封建領主と農奴の関係によって支配構造が成立しており、封建領主が行政権、裁判権を持っていた。また、支配機構としての封建制においては、君主と臣下が相互に封建契約を結び、軍事的奉仕の見返りとして領地を安堵する関係が築かれ、その頂点として国王が存在した。

中世は、基本的に《キリスト教共同体》という普遍的共同体であり、等族国家が形成されていたとはいえ、近代のように《主権概念》が国家に付与されることはなかった。中世の王国は、俸禄や領地安堵と引き換えに忠誠や奉公を約束する封建的な契約関係に立脚しており、中世の国王といえども直接国民を支配しているのではなく、特定の地域を支配している封建領主の中の《第一人者》(primus inter pares)の封建貴族であるにすぎなかった。したがって中世の《王国》においては一元的支配は不可能であり、多層的な支配が行われることとなる。そこでは、分権的・多元的・無国境的な政治状況が存在していた。また国土といっても、厳密な意味での国境は存在せず、国土は、国王の直轄地と、国王と契約を結んでいる貴族たちの領地であり、領土に対する国民の帰属意識や国民意識は存在する余地さえなかった。それは領域性と一元的な公権力を欠いていた。中世的な王国は、regnum ないし realm と呼ばれるが、ここでは、王国の根本法として《大権》(prerogative) と《特権》(privileges) が対抗関係をなしており、国王のもとにすべての身分が参加できる体制 (regimen reagale politicum) が成立しており、身分制的議会も行われていた。ちなみにダントレーヴは、civitas, regnum, res publica の相違について、次のように述べている。「中世の用語では、civitas は通常、ヨーロッパ各地、特にイタリアで発展する都市国家を指した。regnum は、中世盛期以来、形成途上にあった地域的王政を叙述するのに用いられた。res publica は、多くの場合、より広い共同体、すべての信者を一つの囲柵の中に団結させた res publica christiana (キリスト教共同体) を叙述するのに用いられた。」(『国家とは何か』三五頁)

すでに述べたように、教皇権力と皇帝権力、教会権力と世俗的権力の二元論は、中世の政治を貫く基本的な特徴であったが、中世後期になると、regnum が次第次第に頭角を現わし、完結した領域支配を目指すようになる。統治の形態が王と「封建的関係を結んだ人々」との個人的な支配関係から、王と「その領土に住む人々」との地域的な支配関係に移行した。そうした状況を理論化する学問的武器を提供したのが一三世紀におけるアリストテレスの復興であったのである。

領土を支配する王の権力を支えたのが官僚機構であった。封建的主従関係から常駐の役人に政務を行わせる官僚制への移行が生じた。そのため税金の徴収が盛んになった。国家の成立と並行して起こるのが、自国語による創作活動であり、国民意識の強化につながっていった「ローランの歌」や「わがシッドの歌」がそうである。以下、近代の主権国家との比較の中で、中世的秩序の特異性を三点考えてみよう。

第一に、権力主体の多様性と権力の多元性が挙げられる。皇帝、君主、封建貴族、司教の権力、教皇、騎士団、自由都市というように、権力の多元性のゆえに、一元的支配が不可能であった。

第二に、多様な帰属意識が挙げられる。一人の騎士が複数の主君に仕えることも珍しくなく、主従関係が何層にも重なり合った。また、裁判権にしても、封建領主にあったり、司教にあったり、国王にあったりと、錯綜している場合が多かった。

第三に、領土が固定的ではなく、流動的であった。封建領主の領土は、相続や結婚によって次から次へと変化した。

四　中世の《王国》から近代主権国家へ

近代国家は、内における《多元的な封建的秩序》、外における教皇や皇帝といった《普遍的権威》を克服して、特定の領域内に一元的な支配を確立した。それは、マキァヴェリやホッブズに見られるように、強制秩序としての国家である。君主はもはや「封建領主の中の第一人者」ではなく、《主権》を持った存在である。それは、《共通善》の達成という古典古代の目標を喪失し、宗教的な内戦を克服し、地上の平和を守る物理的な権力機構となった。

マキァヴェリ（一四六九—一五二七）が用いた stato（英語で state、ドイツ語で Staat、フランス語で état）は、古典語の polis, civitas, res publica や中世の regnum とは切れており、ラテン語の status に由来する。この言葉は、以前は身分や状態を意味する言葉であったが、近代においては特定の領域において、特定の国民に対して権力を行使する権力機構を意味するものに変容した。近代国家を理論的に定式化した Th・ホッブズ（一五八八—一六七九）にとって、それは、人為的に構成された《機械》であり、《人工人間》であった。

近代国家の特徴を一つの言葉で示しているのが《主権》という言葉である。この言葉を最初に用いたのが J・ボダン（一五三〇—一五九六）である。彼は、『国家論』において、国家を「主権的権力によって支配される共同体」と定義し、《主権》を「国家の絶対的で永続的な権力」と定義した。ホッブズもまた、主権を「絶対的で不可分な権力」と定義し、この主権を分割することこそが、国家の崩壊をもたらすと警告したのである。近代的な国家は、軍隊と官僚制度を用いて、一元的な支配を行い、国民、領土、主権を三要素とする、《国民国家》、《領域国家》そして《主権国家》として、中世的な多元的勢力を克服して登場してきたのである。

五　近代国家から《新中世》へ

近代《主権国家》が登場してから約五〇〇年経過して、二一世紀の私たちは、《ポスト国民国家》の時代に突入している。近代国家は、横は、諸国家の経済的・技術的相互依存関係によって、下は更なる地方分権、上はEUといった地域統合から国際連合を中心とする国際機関の拡充によって、その機能を弱体化させつつある。政治的統合は、サブ・ナショナルな統合（地方政府）、ナショナルな統合（国家）、リージョナルな統合（EUなど）、インターナショナルな統合（国連、国際機関）、また国家横断的なNGOやNPOのグローバールな活動の組み合わせによって展開される。いわゆる《世界政府》なきグローバル・ガバナンスである。脱領域化と国家主権の弱体化、そして権力の多層性とアイデンティティの多元性という意味では、現代の国際秩序は中世的な多元的秩序像に接近しているといえよう。《新中世》という合言葉が好まれる所以である。《新》という形容詞がついているのは、中世と異なっていまだ国家が国際秩序の基本的な政治単位であるからである。ヘドリー・ブルは、『国際社会論――アナキカル・ソサイエティ』において、《主権国家システム》に代わるものとして、世界政府と《新中世主義》を挙げている。ブルは、後者について次のように述べている。

「西洋キリスト教世界のあらゆる権威は、究極的には神に由来すると考えられていた。政治システムは基本的に神権政治的であった。それゆえ、中世的構想に戻ることを考えることは、空想的であるように思われるであろう。しかし、権威が重なり合い、かつ多元的な忠誠のシステムという、その主要な特徴を具体化する中世的システムの近代的・世俗的な相似物が発達することを想像することは、空想的ではない。」（『国際社会論』三〇四頁）

こう述べてブルは、《新中世主義》への傾向を示すものとして、EUのような地域統合の拡大、国家の分裂、私的な国際的暴力の復活、国境横断的な機構などを挙げている。ただ《新中世主義》が主権国家システムよりも安定した国際秩序を構築できるかという問題に関しては、ブルは懐疑的である。

〔参考文献〕

柴田平三郎『中世の春――ソールズベリのジョンの思想世界』（慶應義塾大学出版会、二〇〇二年）
田中明彦『新しい中世』（日本経済新聞社、一九九六年）
ダントレーヴ『国家とは何か』（石上良平訳、みすず書房、二〇〇二年）
C・H・ハスキンス『十二世紀ルネッサンス』（別宮貞徳・朝倉文市訳、みすず書房、一九八九年）
H・ブル『国際社会論』（臼杵英一訳、岩波書店、二〇〇四年）
南充彦『中世君主制から近代国家理性へ』（成文堂、二〇〇七年）

【本書全体の参考文献】

岩田靖夫『ヨーロッパ思想入門』（岩波ジュニア新書、二〇一〇年）

S・S・ウォーリン『政治とヴィジョン』（尾形典男・福田歓一他訳、福村出版、二〇〇七年）

小笠原弘親・小野紀明・藤原保信『政治思想史』（有斐閣Sシリーズ、一九九四年）

古賀敬太編著『政治概念の歴史的展開』（全三巻）（晃洋書房、第一巻二〇〇四年、第二巻二〇〇七年、第三巻二〇〇九年）

田中治男『西欧政治思想』（岩波書店、一九九七年）

南原繁『政治理論史』（『南原繁著作集』第四巻〔岩波書店、一九七三年〕）

福田歓一『政治学史』（『福田歓一著作集』第三巻〔岩波書店、一九九八年〕）

藤原保信『西洋政治理論史』（『藤原保信著作集3』、新評論、二〇〇五年）

藤原保信・飯島昇藏『西洋政治思想史（1）』（新評論、一九九七年）

藤原保信・白石正樹・渋谷浩『政治思想史講義』（早稲田大学出版部、一九九一年）

J. S. McClelland. *A History of Western Political Thought*, Routledge, 1996.

George H. Sabine, Thomas L. Thorson, *A History of Political Theory, 3 edition*, Dryden Press, 1973.

Leo Strauss and Joseph Cropsey (edited). *History of Political Philosophy, 3rd edition*, The University of Chicago Press, 1987.

おわりに

本書では、ヘブライズムとヘレニズムという二つの相異なる思想潮流を念頭に置いて、古代と中世の政治思想を検討してきた。人間観、自然観、歴史観、神観そしてとりもなおさず政治観の異なる二つの思想潮流の対立、総合、離反のダイナミズムによって、西洋政治思想史が織りなされてきたと言っても過言ではない。

政治思想の源流を辿る旅は、現代の政治思想が抱えている問題に取り組み、それを克服する道筋を考える上でも多大なインスピレーションを提供してくれる。

すでに述べたように、旧約の《出エジプトの伝統》は、後の解放の政治学のモデルとなり、近・現代の政治思想や政治運動に多大な影響を及ぼし続けた。ピューリタニズムの革命や新天地に向けての国外脱出、黒人解放運動などにおいていつも語られた出来事は、出エジプトの《解放》の伝統であった。またM・ウェーバーが主張するように、徹底して権力批判を展開する旧約の預言者の伝統は、人間を神の代理人とみなし、その権力を神聖化する東洋思想と比較して、西洋思想に《魔術からの解放》と《被造物神化への批判》をもたらした。また旧約聖書の《終末論》は、キリスト教にも受け継がれ、西洋の歴史観に決定的な影響を及ぼすに至った。

古典古代においては、アリストテレスの《実践》や《知慮》（フローネーシス）が、一九六〇年代における実践哲学の復権に大きな影響を及ぼしたことは周知の通りである。またアリストテレスのポリス概念は、市民の政治参加や市民的徳の重要性を考えるにあたって、個人主義が行き過ぎた現代において、共同体の一つのモデルを提供している。またプラトンの民主制批判は二〇〇〇年以上にわたって、民主制に対するマイナスのイメージを植え付けたのみならず、今日においても民主制の堕落や腐敗の危険性を警告している点において、いまだなお影響力を失ってはいない。

ストア派やキケロの《自然法》概念は、国や民族を越えた普遍的な規範が存在し、実定法規範は自然法規範に違反しては効力を持ち得ないと主張した点において、中世、近代の政治・法思想に多大なインパクトを及ぼした。また自然法規範に根拠づけられた《世界市民》や《コスモポリタニズム》の主張は、グローバリゼーションが進行し、ポスト《国民国家》の時代を迎えている二一世紀において、新たな秩序像を指し示している。それは平板な、根なし草の《コスモポリタニズム》ではなく、《同心円》の多層的構造や多層的なアイデンティティに基づく、《コスモポリタニズム》である。また一九八〇年代アメリカにおいて自由主義によってもたらされた共同体崩壊の現象に危機意識を持った人々が、自由主義に対して共和主義を掲げ、自由主義 vs 共和主義論争が展開されたが、その際古典古代の《共和主義》の特徴である専制批判、パトリオティズム、公的なるものの優位は、新たな共同体建設の青写真を提供した。

古代、そして中世におけるキリスト教の政治思想においては、アウグスティヌスにおいて生きていた終末論は、トマスにおいて《永遠の秩序》にとって代わられてしまう。《神の国》は、終りの日に現世的秩序の崩壊の後に生じる《彼方》にあるものではなく、現世的秩序を包括して、この世界に生じる永遠の秩序として位置づけられるようになった。アウグスティヌスのように、自然と恩寵、自然的理性と神の啓示はもはや対立するものではなく、自然は恩寵によって完成するのである。

トマスの思想は、二〇世紀においてジャック・マリタンやエティエンヌ・ジルソンといったネオ・トミストによって注目され、政治思想においても《共通善》や《友愛》の果たすべき役割が強調された。しかしながら、私見によれば、現代のような経済・金融・環境・テロ・核といったグローバルな危機に晒されている私たちにとって、ローマ帝国の崩壊という秩序の大転換の中にあって絶望せず、その中に神の摂理と来たるべき《神の国》に希望を持ち続けたアウグスティヌスの方がはるかにリアリティをもって迫ってくる。

以上述べてきたように、政治思想の源流である、ヘブライズムの伝統とプラトンやアリストテレスに代表されるヘレニズムの伝統を掘り起こし、それを現代において生き生きとよみがえらせることが、現代の政治思想を考察するためにも不可欠な作業である。

あとがき

本書は、筆者が非常勤講師をしている同志社大学法学部の講義「政治思想の源流」の講義録に手を加えて、テキストとして作成したものである。「政治思想の源流」は、同志社大学法学部の富沢克教授の依頼を受けて始めたのであるが、古代・中世の政治思想を対象としているので、C・シュミットを初め、ドイツの現代思想を専門とする筆者にとっては、講義の準備に悪戦苦闘せざるをえなかった。講義が難解であるので、テキストを使用してほしいという学生の要望もあり、やむなくテキスト作成を行った次第である。

とはいえ、本書の一貫した問題意識として、古代・中世におけるヘレニズムとヘブライズムの関係を明らかにしたいという思いがあった。中世のスコラ学はまさにこの二つの思想潮流の総合の時代であった。神観、人間観、歴史観、宇宙観など相互に対立する二つの流れがどのように展開されていくかは、興味深い問題である。我が国の場合には、ヘブライズム（ユダヤ‐キリスト教の伝統）が過小評価されているので、本書では特に第一部の「旧約聖書の政治思想」において、ヘブライズムの西洋政治思想への貢献を説明することから始めた。日本では、聖書を読むこと＝特定の宗教に入ると、色眼鏡で見る人が多いが、聖書の高みと深み、そして広がりを理解することなくして、西洋政治思想の底流を理解できないことは確かである。

政治思想の講義の悩ましい点は、《政治》に強調点を置くか、《思想》の部分に力点を置くか、そのバランスにある。国家、権力、人権、国家形態といった狭い政治だけに叙述を限定したならば、無味乾燥な政治思想の体系を紹介することになる。本書では、特に宗教的・哲学的背景と政治との関係性を重視し、個々の思想家の政治思想の根底にあるものを理解しようと努めた。アウグスティヌスであれ、トマスであれ、彼らの壮大な体系の中から《政治》だけを切り離して考察することはできない。政治の部分だけを取り出して紹介することは、森を見ないで木を見ることになりかねない。

テキスト作成にあたり、思想家の書物に触れていく中で、新しい発見とインスピレーションが与えられた。これは、現代政治思想に関する研究書を読むときには味わえない喜びである。月並みであるが、《古典との対話》の重要性をあらためて認識する機会となった。政治思想に関心を示す学生諸君にも、流行の思想を追うだけではなく、古典に深く沈潜する時間を持ってもらいたいと思う。

専門外のテキストを書くことになったため、多くの間違いを犯しているかもしれない。

原稿を読んで、間違いをチェックしてくれた同志社大学法学部の助教でE・カッシーラーの政治哲学が専門の馬原潤二君、また同志社大学神学研究科博士課程で、ユダヤ神学や政治思想を専門としている平岡光太郎君に心から謝意を表したい。時間の関係で、彼らの疑問や助言に充分に答えることができなかったのは残念である。また、本書の出版を快諾して下さり、いつも筆者の研究活動を励まして下さっている犬塚満氏に心から感謝するものである。

最後に私事になり恐縮であるが、京都大学の大学院時代から大阪国際大学に至るまで行動を共にしてきた同僚の山本周次氏が今年三月三日に突然死去された。山本氏とは研究室が隣で、誠実な人柄であり、親しくさせていただいていただけに、極めて残念である。心から哀悼の意を表すると同時に、氏の遺された『ルソーの政治思想』（ミネルヴァ書房）が、読み継がれていくことを願うものである。

二〇一〇年五月一五日

古賀　敬太

著者紹介
古賀　敬太
一九五二年　福岡県に生まれる
早稲田大学政経学部卒、京都大学法学研究科博士課程単位取得退学
現在　大阪国際大学教授、博士（法学）
〔単著〕
『ヴァイマール自由主義の悲劇――岐路に立つ国法学者たち』（風行社、一九九六年）
『カール・シュミットとカトリシズム』（創文社、一九九九年）
『近代政治思想における自由の伝統』（晃洋書房、二〇〇一年）
『シュミット・ルネッサンス』（風行社、二〇〇七年）
〔編著〕
『政治概念の歴史的展開』（第一巻二〇〇四年、第二巻二〇〇七年、第三巻二〇〇九年、晃洋書房）
『二十世紀の政治思想家たち』（ミネルヴァ書房、二〇〇二年）
〔共訳書〕
E・H・ブロードベント『信徒の諸教会――初代教会からの歩み』（伝道出版社、一九八九年）
ロバート・P・エリクセン『第三帝国と宗教――ヒトラーを支持した神学者たち』（風行社、二〇〇〇年）
A・D・リンゼー『オックスフォード・チャペル講話』（聖学院大学出版会、二〇〇一年）

人名索引

《ア》

アヴェロエス Averoes 234, 239
アウグスティヌス Augustinus 8, 54, 第10講, 236, 238, 248, 249, 258-260, 262, 290
アウグストゥス Augustus,161, 181, 198
アクィナス→トマス・アクィナス
アタナシウス Athanasios 193
アダムス John Quincy Adams 39
アッシジの聖フランシスコ Francesco (Assisi) 232
アナクシマンドロス Anaximandros 65
アナクシメネス Anaximenes 65
アモス ‘āmōs 44-46, 49, 50
アリウス Arius 260
アリストテレス Aristotelēs 5, 6, 65, 93, 第6講, 221, 232-237, 247-250, 253, 256, 261, 268, 282, 289, 290
アルベルトゥス・マグナス Albertus Magnus 233, 234=235, 261
アレクサンドロス Alēxandros 99, 100, 147, 148
アレント Hannah Arendt 7, 107, 108
アンセルムス Anselmus 230
アントニウス Antonius 154, 250
アンブロシウス Ambrosius 198, 200, 201, 210, 259
イザヤ y^{e}sha`yāhū 54, 59
イソクラテス Isokratēs 93
インノケンティウス3世 Innocentius Ⅲ 258, 261, 279
ヴァイツゼッカー Richard Karl Freiherr von Weizsäcker 15, 38
ウィクリフ John Wycliffe 272, 273
ウィリアム(オッカム)→オッカムのウィリアム
ウィンスロップ John Winthrop 39
ウェーバー Max Weber 5, 34, 37, 51, 220, 288
ウォーリン Sheldon Wolin 5
ウォルツァー Michael Walzer 6, 20, 21, 25, 26, 29, 44
ウルマン Walter Ullmann 280
エウセビオス(カイザリアの) Eusébios (Kaisáreia) 210
エウリピデス Euripidēs 124
エピクテトス Epictētos 150
エピクロス Epikouros 147, 148, 151, 192
エリアーデ Mircea Eliade 55
エレミヤ Yirm^{e}yāhū 56-59
大木英夫 59
オッカムのウィリアム William of

Occum　8, 230, 267
オットー4世 Otto Ⅳ　279
オリゲネス Origenes　197, 210

《カ》

カエサル Julius Caesar　153-155, 160, 170
カッシウス Gaius Cassius Longinus　153, 155
カリグラ帝 Caligura　161
カリクレス Kalliklēs　76-80, 84, 92, 109
カレブ Caleb　27
ガレリウス帝 Galerius　185
キケロ Marcus Tullius Cicero　6, 第8講, 209, 221, 223-225, 253, 289
キプリアヌス Cyprianus　194, 196, 210
ギボン Edward Gibbon　185
キング Martin Luther King　29, 31, 32, 52
クセノポン Xenophōn　93
グラウコン Glaucon　80-82, 149
クーランジェ Fustel de Coulanges　126, 133
クリュシッポス Chrysippus,150
クレアンテス Kleanthēs　150
クレイステネス Kleisthenēs　86
グレゴリウス7世 Gregorius VII　277, 278
クレメンス（アレクサンドリアの） Clemens（Alexandrinus） 197
クレールヴォーのベルナール Bernard de Clairvaux　230
ゲラシウス1世 Gelasius Ⅰ　257, 271, 276
小松左京　59
コール George Howard Cole　276
ゴルギアス Gorgias　75
コンスタンティヌス帝 Constantinus　185

《サ》

佐々木毅　94
シェンキェヴィチ Henryk Sienkie' wicz　184
小スキピオ Scipio（minor） 157, 159
ジョン王 John　279
聖ドミニコ Dominicus　232
セイバイン George Holland Sabine　5
セネカ Seneca　150, 168
ゼノン Zēnōn　147, 150, 168
ソクラテス Sōkratēs　5, 65, 67, 74, 80, 84, 92, 126
ソールズベリのジョン John of Salisbury　278

《タ》

タキトゥス Cornelius Tacitus　184
タレス Thalēs　65
ダンテ Alighieri Dante　267
ダントレーヴ Alexandro Passerin d'Entrèves　73, 120, 261, 281, 282
ディオゲネス（シノペの）Diogenēs（Sinope） 148, 168, 169
ディオゲネス・ラエルティオス

Diogenēs Laertios　67, 75
ディオニュシオス２世 Dionysios Ⅱ　68
ティベリウス帝 Tiberius　161, 182
テオドシウス帝 Theodosius　185, 200, 209, 227
デモクリトス Dēmokritos　65, 149, 192
テルトリアヌス Tertullianus　8, 196, 210
トゥキディデス Thoukydidēs　5, 117, 118
ドゥンス・スコトゥス Duns Scotus　230
ドナトゥス Donatus　228
トマス・アクィナス Thomas Aquinas　8, 第11講, 290
トラシュマコス Thrasymachos　75-77, 80-82, 92, 109, 122

《ナ》

ネロ帝 Nero　184, 185, 228

《ハ》

ハインリヒ４世 Heinrich Ⅳ　278
パウロ Paulos　182-184, 187, 191, 192, 209
パスカル Blaise Pascal　3
ハスキンス Charles Homer Haskins　276
パドヴァのマルシリウス Marsilius (Padua)　8, 第12講
ハビヒト Christian Habicht　156
パルメニデス Parmenidēs　66, 68
ヒエロクレス Hierocles　175
ヒエロニムス Hieronymus　14, 198, 210, 260
ピュタゴラス Pythagoras　65, 68
ピラト Pilatos　181, 182
フィギス John Neville Figgis　276, 280
フィリッポス２世 Philippos Ⅱ　99
フィルマー Robert Filmer　123
フィロン Philon　197
フス Jan Hus　272
プラウトゥス Plautus　248
プラトン Platōn　5, 6, 65, 第５講, 100, 101, 107-110, 112, 122, 124, 127, 128, 132, 140, 149, 191, 205, 221, 222, 289, 290
ブラバンのシゲルス Sigerus (Brabant)　239
フリードリヒ Carl Joachim Friedrich　280
フリードリヒ２世 Friedrich Ⅱ　279
ブル Hedley Bull　285, 286
ブルートゥス Brūtus　153, 155
プロタゴラス Prōtagoras　75, 122, 127
プロティノス Plōtinos　197, 202
ベケット Thomas Becket　278
ヘーゲル Georg Wilhelm Friedrich Hegel　54, 60
ベーコン Roger Bacon　230
ベラー Bellah Robert N.　41, 144
ペラギウス Pelagius　200, 208, 262
ヘラクレイトス Hērakleitos　65, 66
ペリクレス Periklēs　67, 80, 86, 115, 117, 121, 131, 133

ベルジャーエフ Nikolai Aleksandrovich Berdyaev　55, 56
ヘロドトス Hērodotos　117, 118
ヘンリー２世 Henry Ⅱ　278
ボエティウス Boethius　235
ボダン Jean Bodin　284
ホッブズ Thomas Hobbes　40, 108, 149, 268, 283, 284
ボナヴェントゥラ Bonaventura 230, 235, 236
ボニファティウス８世 Bonifatius VIII　279
ポリビオス Polybios　155, 161

《マ》

マキァヴェリ Niccolò Machiavelli 107, 108, 220, 283, 284
マグナス（アルベルトゥス）→アルベルトゥス・マグナス
マッキンタイア Alasdair MacIntyre 144
マリタン Jacques Maritain　138, 144, 256, 290
マルクス Karl Marx　52, 54
マルクス・アウレリウス Marcus Aurelius Antoninus　150, 168-170, 196
マルシリウス（パドヴァ）→パドヴァのマルシリウス
丸山眞男　123
宮田光雄　6
モセ Claude Mosé　86, 87, 124, 131, 134
モーセ Mōsēs　16, 18, 22-24, 26, 28, 31, 34, 37
モラル John B. Morall　275

《ヤ》

ヤロベアム２世 Yārāb`ām Ⅱ　49
ユスティノス Justinos　7, 196
ユリアヌス帝 Julianus　228
ヨシュア Y^{e}hōshūa`　27, 289
ヨハネス22世 Johannes XXⅡ　266

《ラ》

ラエルティオス→ディオゲネス・ラエルティオス
ラスキ Harold Laski　276
ラメセス２世 Ra'M^{e}sēs Ⅱ　20
ルソー Jean Jacques Rousseau　7, 40, 133
ルター Martin Luther　8, 209, 230, 273
ルートヴィヒ４世 Ludwig Ⅳ　266
レーヴィット Karl Löwith　53, 54, 60
ロック John Locke　40, 41

政治思想の源流――ヘレニズムとヘブライズム

2010年6月30日　初版第1刷発行
2012年3月26日　初版第2刷発行（第2刷にあたって若干の補訂を施した。）

著　者　古　賀　敬　太
発行者　犬　塚　　満
発行所　株式会社 風 行 社
〒101-0052 東京都千代田区神田小川町3－26－20
Tel. & Fax. 03-6672-4001
振替 00190-1-537252
印刷・製本　理想社

Printed in Japan　ISBN978-4-86258-049-8